なぜ東大は男だらけなのか

矢口祐人
Yaguchi Yujin

a pilot of wisdom

JN042343

目次

五〇%に向けて
プリンストンと東大
大学進学率と東大の男女比
東大の男女共同参画

第五章　東大のあるべき姿

日本の大学すべての問題
社会のブレイクスルー
多様性豊かなキャンパスを目指して
クォータ制
クォータ制は「ずるい」のか
女性教員の積極的雇用
女性リーダー増加の必要性
変革を目指して

＊資料の引用は原則として、旧字体を新字体に改め、旧仮名遣いはママとした。
＊本文で言及する組織名・肩書きなどは、基本的に当時のものである。

序章　男だらけの現状

男の大学

東京大学（以下、原則として東京帝国大学など旧称の時代も含めて「東大」と略記）で教えていると、海外から講演や研究会などに来る人を迎えることが多い。その際、よく驚かれることがふたつある。

ひとつは東京都内にこれほど緑豊かなキャンパスがあることだ。本郷《ほんごう》も駒場《こまば》も都心にあるのに、それぞれのキャンパスにはたくさんの木が生い茂り、夏は緑でいっぱいになる。春は桜、秋は銀杏《いちょう》の紅葉が楽しめる。大都会のイメージが強い東京に来て、東大キャンパスの自然に多くの人が感嘆する。

もうひとつはキャンパスに男性の姿が目立つことだ。一、二年生の多い駒場キャンパスの昼休みの時間になると、銀杏並木に学生があふれるが、そのほとんどが男性に見える。実際には女性もいるのだが、男女がほぼ同数の海外の総合大学から来た客人にはあまりに異様に映るのである。本郷キャンパスも教室に入ると男性だらけのことがある。「東大の学生には男性しかいないのか」と真顔で訊《き》かれたこともある。

訪問客を案内してキャンパスを歩くと、あちこちに銅像や胸像があるが、これらもすべて男性のものである。本郷キャンパスの広場には葉巻を持ったジョサイア・コンドル像が堂々と立ち、安田講堂の脇には濱尾新《はまおあらた》の巨大な像が三四郎池を背景に座っている。駒場キャンパスのレストランに入ると、芝生の広がるきれいな前庭にフリードリッヒ・プッチールとジャン・バプティスト・アリヴェというふたりの白人男性の胸像が並んでいる。

一九二八年にアメリカのロックフェラー財団の支援を受けて竣工《しゅんこう》した本郷の総合図書館は、東大を代表する立派な建物だ。正面玄関を入って左側には「記念室」がある。広々として天井が高く、木目のパネルで壁が覆われている豪華な部屋だ。そこには試験勉強やレポート作成にいそしむ学生を見守るように、インドのノーベル賞作家で男性詩人のラビンドラナート・タゴールの大きな肖像画がかけられている。図書館の三階に行くと今度は閲覧室の入り口にルイ・パスツールとヴィクトル・ユゴーの胸像が並んでいる。大学構内には他にも引退した名誉教授などの像や肖像画などがたくさんあるが、女性のものはひとつもない。

キャンパスには日本を代表する著名な建築家による建物が並んでいて、これを案内するのも面白い。建築愛好家でなくても感激するような作品が、普通に教室やオフィスに使われているからだ。ところがこれらも前川國男、内田祥三《よしかず》、丹下《たんげ》健三、芦原《あしはら》義信、安藤忠雄、香山壽夫《こうやまひさお》、隈研吾《くまけんご》など、男性が設計したものばかりで女性の手によるものはない。

渋谷駅や東京駅から遠くないところにこんなに立派なキャンパスがあるのは素晴らしいのだけれども、「それにしてもずいぶんとマスキュリン（男性的）な大学だね」と皮肉られてしまうこともあり、答えに窮することがある。

日本の大学と社会のジェンダー・ギャップ

本書で繰り返し指摘するように、東大の学部学生の男女比は約八対二、世界の一流大学のなかでも極めて偏っている。

そしてこの状況は日本では東大だけではない。京大は東大と変わらないし、北大、東北大、筑波大、名古屋大、大阪大、神戸大、九州大、一橋大、東京工大などの有名国立大学はどれも現状は女性比率が四〇％に達していない（表1）。日本の国立総合大学は理工系の定員が多く、女子高校生の多くは理系を選択しないのだからやむを得ないという声もある。しかし東大や京大は人文社会系でも女性は半数に達していない。

早稲田大、慶應義塾大、明治大などの多くの有名私大も、一部学部では女性が男性より多くいても、総数としては四〇％程度に過ぎない。文部科学省の学校基本調査（二〇二二から「国際力」まで細かな指標を用いることで大学関係者にも注目を浴びているが、そこにも男女比やジェンダーは項目として含まれないし、さまざまな大学が今後取り組むべき課題として挙げられることもない。

東大の学生の男女比がメディアなどで問題として指摘されることは多くなってはいるものの、その背景にある社会文化的構造を考える努力はまだ十分ではないのではないだろうか。東大を変えるには日本人男性の価値観で彩られてきたあらゆる側面を塗り直さなければならない。にもかかわらず、上記の大学論や改革の提言において、ジェンダーがほとんど論じられないこと自体が、どれほど今日の大学の価値が男性の視点で理解されているかの証左であろう（なお、上に挙げた最近話題の大学論はすべて男性によるものだ）。

本書のきっかけ

実は私のような日本人男性が、日本の大学が男性中心であるということに気づくのはそれほど容易ではない。社会や大学の常識が男性の規範をもとにしているということは、自分が男性だと日常的にはなかなか気づかないし、十分に考えることもない。今でもほんとうにわかっているか、自信があるわけではない。

たとえば私は東大の教養学部で長いあいだ、英語を担当し、理科一類に所属する学生の授業を何度も受け持ってきた。二〇年以上も前に着任した頃には、男性が九割を占めるクラスの様子にそれほど違和感を覚えなかった。何十人もの学生のなかに女性が数人程度しかいなくても、「理系のクラスだからあたりまえ」と思っていたし、その女性の学生が教室で何を感じているかを想像することもなかった。ましてやその学生たちが教室の外でどのような学生生活を送っているかに思いをめぐらすことなどなかった。

教授会をはじめとする会議は昔から圧倒的に男性が多いし、男性しかいないことも少なくない。上位の会議になればなるほどその傾向は強い。総長や学部長を選ぶ際も、最近まで候補者はいつも男性だったし、新任の教員も圧倒的に日本人の男性、しかも大半は東大卒の男性で占められていた。

しかし長いあいだ、私は男性だらけの状況を深く考えることはなかった。「日本と東大はそういうもの」と思い込んでいたから、ジェンダーの偏りをそこまで気にするに至らなかった。アメリカの文化研究をして、人種やジェンダーをめぐる歴史の構造を論じながらも、日々の大学の生活に見られる多様性の圧倒的な欠如と構造的差別には恥ずかしながらずいぶんと無頓着であった。アメリカで大学と大学院教育を受けていた私は、大半の同僚とは違って東大の外から来たという気持ちがあり、日本の規範、東大の規範を受け入れなければならないと感じていたし、日本人男性としてそれに従うことは容易であるのみならず楽なことでもあった。

そのような意識を改める必要性を明確に感じるようになったのは、東大に着任して一〇年以上経《た》ち、教育の国際化に深く関わるようになってからだ。とくに二〇一二年に創設された教養学部の英語学位プログラム「ＰＥＡＫ」(Programs in English at Komaba) の立ち上げに参加したことが大きな転機となった。ＰＥＡＫは一学年三〇名ほどの小さなプログラムだが、世界中から多様な背景を持つ学生が集まる試みだ。準備にあたった教員は、世界各地の高校を回り、東大の魅力を紹介し、学生生活を東大で過ごすことの意義を高校生に説いた。その結果、創設時にはアメリカ、ヨーロッパ、オセアニア、東アジア、東南アジア各地から多様な出自を持つ学生が入学してきた。

私はＰＥＡＫの一、二年生向けの教育カリキュラムの責任者を引き受けたことに加え、自身がアメリカの大学に留学生として渡り、言語と文化が十分に理解できない環境で苦労した記憶があることもあり、ＰＥＡＫ生のキャンパスでの日々がひときわ気になっていた。そして彼らの体験、つまり日本の外で育った学生たちの声を通して、東大のさまざまな問題を強く意識するようになった。とくにジェンダーをめぐる不均衡はひときわ顕著なものであり、目を逸《そ》らすことのできないものであると気づかされた。

女性学生を排除するサークル

なかでも忘れられないのは、東大の女性学生を排除するサークルの存在をめぐる議論である。第一章でも触れるが、東大には他の大学の女性の入会を歓迎しながら、東大の女性学生は入れないというサークルが長く存在してきた。最近では少なくなったものの、二〇一二年当時はこの規則を堂々と明文化している団体も少なくなかった。PEAKの女性学生がそのようなサークルに入ることを希望すると、「あなたは東大の女子学生だから入れない」という回答がなされることが相次いだ。そうするとPEAK生は私に向かって「同じ東大生なのに、女性だけ拒むのはなぜか」と強く訴えてくるのだった。

留学生の女性たちは圧倒的に日本人と男性が優位のキャンパスにおいて、外国人の女性として、幾重もの差別を受けていることが少なくない。日本人でも男でもないことで、排除の論理が交差する地点に立たされているからだ。彼女たちの声は、日本人男性の論理の「あたりまえ」がいかに非常識で差別的なものであり得るのかを具体的に指摘するものだった。

私は東大の女性学生を排除するサークルに連絡してみたが、だいたいは返答すらなく、あったとしても「とくに差別をしているわけではない。単にそういう伝統であり、今まで問題になっていないし、PEAK生だけのために例外は作れない」というつれない返事だった。「我々は他大の女子学生との出会いの機会を求めている。大学はそれを妨害するつもりなのか」という抗議めいた意見もあった。

周囲の教職員にも相談してみたが、私の悩みに同情はしてくれつつも、「東大には学生自治の伝統があり、サークルは学生が自主的に運営するものだから介入してはならない」という声ばかりだった。「学生自治」であれば差別を許して良いのかと反論しても、「それは学生が自分で考えて結論を出すべき問題」という見解がほとんどだった。

サークルの女性差別が全学的な問題として捉えられ、ようやく最初の理事声明が出されたのは二〇一五年であったが、PEAK創設時の二〇一二年にはまだ関心が集まらず、せいぜい東大の男性学生の身勝手さを示す笑い話程度にしか受け取られないことが多かった（なお、今日では学生自治会も女性排除サークルを認めないという姿勢を打ち出しているが、当時の自治会執行部はこの問題にはまったく関心を示さなかった）。

ＰＥＡＫに関わる前の私であれば、おそらく大半の学生や同僚と似たような感想を持っていたのではないかと思う。良いことではないが、若いうちはそういうバカげたこともするだろう。せっかく東大に入ったのだから、少しは好きにさせても良いのではないか。そもそも、学生の自主性を重んじるのは旧制一高の伝統を受け継ぐ駒場キャンパスの矜持《きょうじ》である。それが東大のやり方だし、そんなところまで口を出していてはキリがない。学生に自分で考えてもらうのが教育ではないか。無理に変えさせても、反発を生むだけで、どれほど意味があるのか——。

しかし「日本が世界に誇る東大がこんな差別を平然と許して良いのか」「先生方は東大がこのままで良いと思っているのか」「私たちは東大が女性排除を認める大学だとは聞いていなかった」などと訴える女性留学生の真剣な声を聞くなかで、東大の学生と教員の論理がいかに男性の視点を軸にしたものであるかを認識せざるを得なかった。彼女たちの経験は、男性の視点が確固なものとして据えられている東大の問題を明確に示していた。

「伝統」と「自治」の名のもとでの女性排除

考えてみれば、もともと男性しかおらず、今でも圧倒的に男性の多い大学の伝統は男性中心のものにならざるを得ない。「東大の伝統」や「旧制一高の伝統」というのは立派な響きはするかもしれないが、結局は男の伝統である。「サークルの伝統」といっても、そのサークルが女性を排除する男性学生から構成されれば、男性本位のものにしかならない。「学生自治」といえば聞こえは良いが、大半の学生が男性で、しかもリーダーシップを与えられてきたのはほとんどすべて男性であるのだから、その「自治」はよほど気をつけない限り男性的な価値観を中心にしたものになる。

第三章でも論じるが、「伝統」や「自治」は決して中立的なものではない。むしろそれを担う人びとの価値観を色濃く反映し、強化するツールにもなる。もちろん伝統や自治の概念に意義がないわけではないが、それを盾に社会や制度を変えないことは、その中心にいる人びとの利となる一方で、極めて効果的な排除の論理になる。だから伝統や自治の尊重の名のもとでサークルの女性差別を解消しないことは、結局はサークルを運営する男性学生の得にしかならない。高等教育機関である大学がそれを「仕方ない」と放置するのはあまりに無責任ではないか、という女性留学生たちの指摘は重いものであった。

それにもかかわらず、「日本の国立大学には自治の伝統があるから学生活動には介入できない」として現状の差別を是認することを良しとする当時のキャンパスの雰囲気に、私は深く戸惑うとともに、そのような体制を無批判に受け入れてきた自分にも愕然《がくぜん》とせざるを得なかった。

近年、サークル問題は解決に向かいつつあるものの、いまだに東大の女性学生の入会を事実上認めない団体は存在するという。これほどまでに露骨な女性排除が今日まで平然と許容されてきたという事実は、東大の男性中心主義の根深さを如実に示している。

国際比較と歴史的視点

ＰＥＡＫ生とサークルをめぐる以上のエピソードは東大のジェンダーの現状を国際比較で捉えることの大切さを示している。海外では考えられないことが、東大では当然のごとく続いている。

国際比較をすると、「日本には日本なりの理由とやり方がある」といった反論や反発が必ず聞かれる。もちろん日本社会に固有の要素はあるだろう。けれども、本書で繰り返し指摘するように、今の東大のジェンダーをめぐる状況は、世界の一流高等教育機関としてはもはやまったく説明がつかなくなっている。それでもいい、と開き直る選択肢もあるのかもしれないが、それは最先端の研究と教育をする組織としての責任と役割を放棄することを意味する。

二一世紀の大学には多様な人が集い、さまざまな意見や価値観が認められるキャンパスが不可欠である。大学はグローバルな人、情報、モノの結節点として機能することが求められるようになっている。優秀な学生は境界を越えてさまざまな国で学ぶようになっているが、東大がトップ大学としての地位を保ち続けるには、日本を含めた世界中の優れた学生に魅力を感じてもらえる大学でなければならない。東大の未来を考えるには、その状況をどうしても世界のなかで捉える必要がある。

なお、本書はその国際比較にしばしばアメリカの事例を用いている。大学は世界中にあるのに、なぜアメリカの話が多いのか不思議に思う読者もいるかもしれない。それは私がアメリカ研究を専門とし、アメリカの大学事情をよく知っているということもあるが、より重要なのは、今日の世界の大学はアメリカの高等教育界の強い影響下にあるという点だ。

世界の大学教育と大学経営のあり方に、今日のアメリカの一流大学が及ぼす影響は極めて大きい。大学の世界ランキングの上位校のほとんどがアメリカの大学であることも、アメリカの大学が世界の目指すべき指標となっていることを示唆している。それに対する批判はあるだろうし、私もそれが必ずしも良いとは思わない。しかし二一世紀の高等教育の現状と未来はアメリカ抜きには語れない。

さらに本書は国際比較とともに、歴史的な視点から東大の男女比をめぐる問題を考えている。現状を理解し、変えるには、まずそれがどのような流れのなかで生まれてきたかを理解しなければならない。

そもそも東大には設立当初、女性は入学が許されなかったが、この事実は意外なほど意識されていない。ましてや女性の学生がいつ、どのような経緯で入学できるようになったか、当時はどのような環境だったかを知る者は、学生はおろか教職員でも少ない。

一九八七年に完結した東大の校史『東京大学百年史』は資料を含めて一〇巻に及ぶ、何人もの専門家が一〇年以上の歳月をかけて書き上げた膨大な歴史書である。しかしここには一九四六年に初めて女性が入学したということが触れられる程度で、女性に関する言及は極端に少ない。男性の大学に女性を入学させた際の課題や意義は論じられていない。『百年史』は男性の視点から書かれているし、そのことがこれまで大きく問題にされたこともない。

しかし男女比を改めようとするのであれば、女性が東大の教育からいかに制度的に排除されてきたかを理解しなければならない。今のキャンパスが男性中心であるのは自然の帰結ではなく、歴史の産物なのである。

つまり本書は東大が直面するジェンダーの問題を今日の世界と時代の流れという、いわば横と縦の軸のなかで捉える試みである。

以下、第一章では東大と日本の大学の現状を海外の状況なども参照しながら確認したい。近年の日本の大学では「ダイバーシティ」「インクルージョン」「男女共同参画」が重視されるようになってはいるものの、東大をはじめその組織は男性中心のままである。

第二章と第三章では東大の歴史を振り返り、男性を中心としたキャンパスが形成されてきた過程を確認したい。これらふたつの章は東大女性史の通史ではないものの、第二章では戦前、第三章では一九四六年の共学化以降についていくつかのエピソードを取り上げて論じている。

第四章では舞台をアメリカに移し、プリンストン大学の共学化の歴史を振り返る。同大学が男女共学となったのは一九六九年であり、東大より二〇年以上も後である。しかし現在でも学部学生の八割が男性の東大と対照的に、今や学生男女比はほぼ半々である。プリンストン大学の例を参照しながら、東大の過去と現状をより深く理解する手がかりとしたい。

第五章ではアメリカの文化と歴史を長く学び、今は大学教育の国際化の業務にあたる私の個人的体験を交えて、これからの東大の進むべき道を考えたい。

近年の努力

なお、本書では東大をはじめとする日本の高等教育に批判的な見解が展開されているが、それは大学がまったく努力をしていないと指摘しているわけではないことはあらかじめ記しておきたい。実際、近年の東大は男女共同参画を目指してさまざまな方針を積極的に打ち出している。

東大には学生の八割が男性であるという現状は良くないという意識はあるし、そのために女性学生を三〇%にまで増やそうという目標が設定された（本来は五〇%であるべきだが、現時点では現実的ではないとされている）。女子高校生向けの説明会や女性学生を出身高校に派遣して大学を紹介し、受験を促す試みも行われている。できるだけ東大で学ぶ女性の学生、卒業生の声を紹介することで、学生の視点から東大の魅力を理解してもらおうという努力がなされているのだ。

二〇一七年には地方出身（通学時間が九〇分以上）の女性学生に対し、最長二年間にわたり月額最大三万円の家賃補助をする「女子学生向けの住まい支援」が始められた。これに対しては「男子に不公平だ」という社会的批判もあがり、全国的な話題を呼んだが、女性学生増加のためにこの支援を継続している。

また、東大は女性教員を増やす努力も開始しており、二〇二二年度から二〇二七年度までの六年間に三〇〇名を超える女性教授・准教授を迎え入れる計画である。二〇一九年には五神真《ごのかみまこと》総長が世界中の組織の役員クラスに女性を増やすことを目指す「30％クラブ」の日本支部に参加し、東大として女性リーダー育成を重視する姿勢を打ち出した。そして二〇二一年に就任した藤井輝夫総長は、30％クラブの大学ワーキンググループのチェアを務めており、実際、総長就任時には役員である八名の理事に五名の女性を指名した（非常勤を含む）。大学執行部にこれほど多数の女性が入るのは東大のみならず日本の他の国立大学でも例のないことで、日本国内のみならず、海外でも反響を呼んだ。二〇二二年六月には東大は大学史上初の「東京大学ダイバーシティ＆インクルージョン宣言」を採択し、「大学のすべての活動において、構成員の多様な視点が反映されるように努め」ることを確認した。

学生のあいだでも東大の男女比やジェンダー環境を問題視し、真剣に取り組む動きが見られるようになっている。女性学生の連帯やLGBTQの学生のサポートをする学生団体がいくつか活動するようになっているし、東大に関心を持つ女子高校生に東大の魅力とその可能性を説明する学生団体もある。セクシュアル・コンセント（性的同意）の重要性を新入生に周知したり、学園祭で行われるミスコンの問題を指摘し、強く反対したりする団体もある。

しかし残念ながら、実際にはキャンパスのジェンダー環境は男性中心のままである。女性学部学生の比率は過去二〇年間ほとんど改善していないし（表2）、教員も教授や准教授は圧倒的に男性が多い。

日本の女性の大学進学率は過去二〇年で約二〇%増加し、今では五〇%を超えるようになっている。男性の大学進学率との差は二〇〇二年には一三%もあったのが、今では六%程度になっている。その結果、すでに触れたように大学生の女性比率は約四六%になっており、専攻別の学生の男女比では、人文科学では女性が六五%、教育では五九%など、女性学生の方が多くなっている分野もある。[*1] にもかかわらず、東大の女性比率は全国平均の半分以下で、いまだに理系のみならずすべての学部で男性の方がはるかに多い（二〇二三年時点の文学部の女性比率は二八%、教育学部は四五%）。

表2　東大における学部学生の女性比率

年度	2002	2003	2004	2005	2006	2007	2008
男	12,644	12,468	12,079	11,866	11,651	11,482	11,392
女	2,726	2,790	2,809	2,845	2,820	2,759	2,693
合計	15,370	15,258	14,888	14,711	14,471	14,241	14,085
女性比率	17.7%	18.3%	18.9%	19.3%	19.5%	19.4%	19.1%

年度	2009	2010	2011	2012	2013	2014	2015
男	11,386	11,509	11,491	11,452	11,429	11,382	11,359
女	2,671	2,663	2,637	2,566	2,584	2,621	2,601
合計	14,057	14,172	14,128	14,018	14,013	14,003	13,960
女性比率	19.0%	18.8%	18.7%	18.3%	18.4%	18.7%	18.6%

年度	2016	2017	2018	2019	2020	2021	2022
男	11,383	11,291	11,290	11,351	11,326	11,265	11,160
女	2,664	2,711	2,734	2,707	2,736	2,768	2,802
合計	14,047	14,002	14,024	14,058	14,062	14,033	13,962
女性比率	19.0%	19.4%	19.5%	19.3%	19.5%	19.7%	20.1%

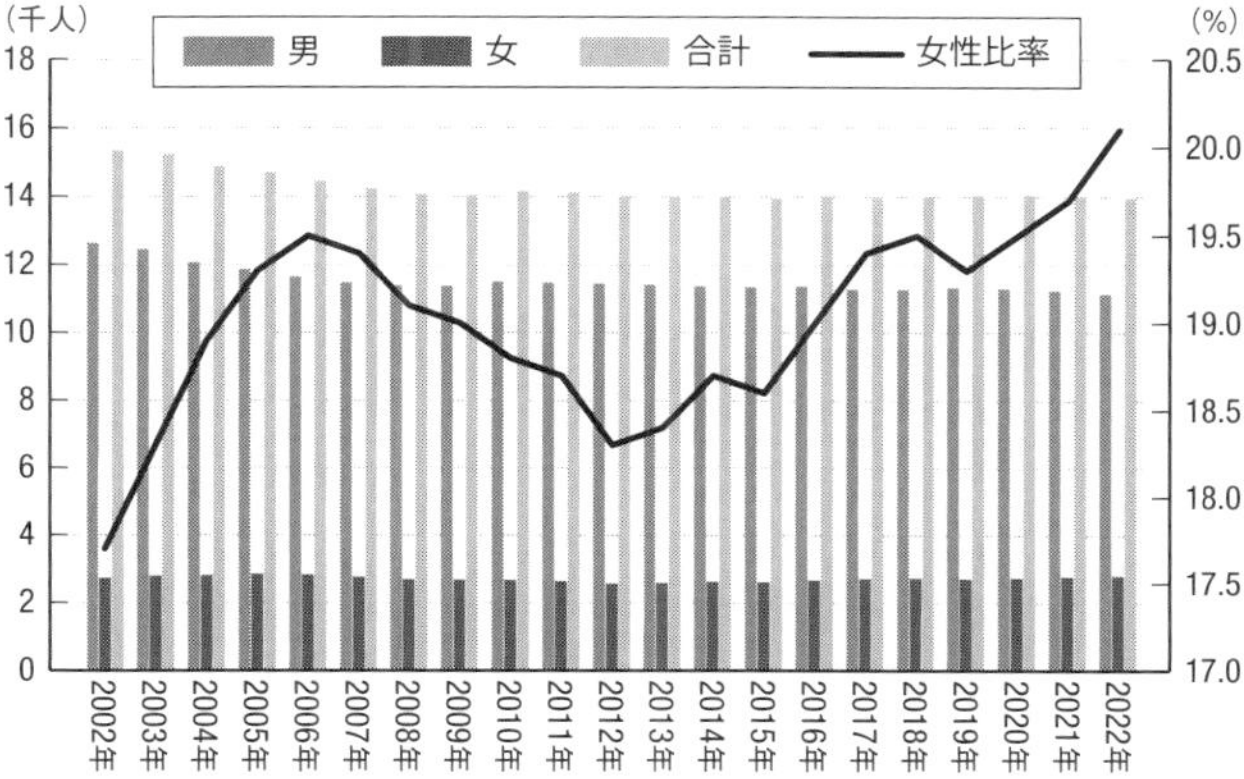

※各年度の「東京大学の概要」より作成

つまり女性の学部学生の比率は全国的に着実に上昇し、分野によっては女性の方が多くなっているのに、努力にもかかわらずその成果が東大のキャンパスには表れていないままなのである。本書はこの現状を考えるためにも、組織の底流に強く存在する徹底した日本人男性中心主義の視点を浮き彫りにしたい。

用語について

なお、本書は「男性」「女性」という言葉を基本的に用いているが、シスジェンダーの「男」と「女」（性自認と生まれ持った性別が一致している男女）が前提になっていることに違和感を覚える読者もいるだろう。確かに「男性」「女性」という表現は、それぞれのカテゴリーのなかにある多様性を無視するのみならず、それ以外のジェンダーアイデンティティを持つ人びとを排除するリスクもある。本書はそのような問題をふまえながらも、東大と日本社会の持つ特定のジェンダー力学を浮き彫りにするために、二項対立的に「男性」「女性」という言葉を使っていることを了承いただきたい。

また、本書では大学生の女性を「女子」と記すことを極力避けている。東大のみならず、どこの大学でも、学生はおとなである。二〇二二年からは法的にも大学入学年齢の一八歳は成年とされるようになった。若い女性が子供扱いされることで、その思考や活躍が矮《わい》小化《しょうか》されてしまうことがある。そろそろ「女子大」「女子大生」「理系女子」「女子力」などという表現を改めるべきではないだろうか（アメリカでは長いあいだ、女性の学生を「ガール」と呼ぶ習慣があったが、今日ではそのような表現は用いられず、「ウーマン」が一般的である）。

最後に、ここに記したことは、東大の内情をことさらに外に晒《さら》すためのものではないことを強調したい。東大を覗《のぞ》き見的に捉えるのではなく、東大のジェンダーをめぐる状況を、この社会に生きるすべての人に関わる課題として理解していただきたい。したがって、本書では非公開の内部資料などは一切使っていない。新書という性質上、註を限定し、出典も簡略化しているが、用いた資料は基本的にすべて誰もが入手可能なものである。また、同僚、学生、卒業生とのこれまでの会話は私の思考の大切な糧になっており、そこから得られた知見はさまざまな形で本書に反映されているが、本書のために特別なインタビューなどはしていない。本書の主張はあくまで著者のみに帰せられるべきものであり、東京大学としての見解ではない。

第一章　東大は男が八割

東大生は男性が八割

東大は学部学生の八割が男性である。それはどのようなものなのか、具体的に考えてみよう。

東大の新入生は理科一類から三類、文科一類から三類という「科類」に基づいて入学を許可される。これらの科類は後に学生が専攻する専門とある程度関連している。入学者全体の男女比率は八対二だが、科類によって比率が異なる。たとえば大半の学生が工学部や理学部で学ぶことになる理科一類には一割ほどしか女性はいない。逆に多くが文学部、教育学部、教養学部で学ぶことになる文科三類の女性比率は四割ほどになる。

新入生はおおむねこの科類と、基本的に全員必修とされる「初修外国語」（いわゆる第二外国語）の選択で「クラス」が決められ、「理科一類でドイツ語選択のクラス」などとして分けられる。このクラスは単に同じ教室で授業を受けるだけではなく、一緒に入学オリエンテーションをしたり、学園祭の催しをしたりするなど、東大一、二年生の学生生活の基本単位ともなる。

それぞれのクラスには三〇名から五〇名ほどの学生が所属するが、科類と選択する初修外国語によって女性の比率が変わってくる。たとえばフランス語は概して女性の履修者が多く、文科三類のフランス語クラスは女性比率が半分になることもある。その一方、合格者数が一番多い理科一類には各学年一一〇〇名ほどが所属しているが、先述したように女性はその一割程度なので必然的に各クラスの女性の数は少ない。フランス語クラスであっても二割を超えることはほとんどない。また、東大は女性がクラスに一名だけにならないよう編成するため、一割しかいない女性がある程度まとめられる傾向があり、結果的に男性のみのクラスもできてしまう。

このようなクラスで駒場キャンパスの教養学部時代を過ごした学生たちは、三、四年生では専門を深めるために、教養学部に残る一部の学生を除き、ほとんどは本郷キャンパスにある諸々《もろもろ》の学部に移動する。ここでも学部間で男女比はかなりばらつきがある（表3）。

表3　東大における学部別学生の女性比率

学部	比率（%）
教養前期	22
法学部	23
医学部	19
工学部	12
文学部	28
理学部	13
農学部	25
経済学部	19
教養学部	34
教育学部	45
薬学部	36

（2023年5月現在）

※「東京大学の概要 資料編 2023」（https://www.u-tokyo.ac.jp/content/400223323.pdf）より

たとえば教育学部、薬学部、教養学部（教養後期＝三、四年生）など、女性の比率が三割を超えている学部がある一方、工学部と理学部は一割程度である。

以上の数値からもわかるように、東大には女性が少ないのみならず、男性の学生のなかには、在学中、同じ教室に女性がいない状態で卒業する学生がいる。たまたま理科一類の「男子クラス」に振り分けられ、そのまま男性の学生ばかりの工学部の学科に進むこともある。理系の学部では研究室に所属するのが一般的だが、先輩である院生や指導にあたる助教、准教授、教授などの教員全員が男性ということもある。唯一そばにいる女性は、研究室の秘書というのも珍しくない。このように四年間、周囲に女性の同級生や教員がいない環境で学ぶことになる。大学院修士課程に進めば東大は六年間、博士課程なら九年間の「男子校」にもなりかねない。

むろん、男性が多いのは理系だけではない。学部で言えば、もっとも女性比率が高いのは教育学部で、四五％である。文学部は二八％、法学部は二三％に過ぎない。「東大の女性比率が低いのは理工系の学生が多いから」という説明がなされることがあるが、理工系の女性が少ないのは必然かどうかという議論は別にして、東大ではすべての学部において男性学生の方がはるかに多いのである。

このような環境を女性学生はどのように感じているのだろうか。

二〇二〇年度「東京大学におけるダイバーシティに関する意識と実態調査」報告書には「授業やサークルなど大学内の空間で自分だけが女性ということがとても多く、それだけで孤独感や疎外感を感じます」「特に理系では女性比率が少ないために、男子学生が周囲の目を気にせずセクハラ行為を女子生徒にする場面がこれまでに何度か見受けられました」「東京大学では男性が女性の存在を顧みずに発言・行動する例が特に多いように見られます。これは大学内の男女比の偏りが慢性的な差別的発言などにつながっていると考えています」「特に前期教養学部時代、男子学生が大っぴらに女子学生の容姿や性的な事柄について品定めするような発言をしても当然に許されるような雰囲気があることに驚き、過ごしづらいと感じた。女子学生が圧倒的に少数であることがこのような雰囲気の醸成に寄与していると考える」などといった切実な声が寄せられている。

男性学生からも「全く悪意はないものの、男性がほとんどの環境であるが故《ゆえ》に、参加者に女性がいる可能性を忘れたような話の進められ方が学生間でされることがまれにあり、もやっとする」という声がある。

男子校の世界

東大の多くの学生たちはどのような環境から東大に入学するのだろう。一般的な傾向を見てみたい。

表4は二〇二二年度の東大合格者数トップ二〇の高校リストである。この年の全合格者数は三〇八五名で、トップ二〇の高校の合格者数は一三一七名。全合格者の四二・七%にのぼる(その前年もほぼ同じ数値である)。日本には四八五六校の高校があるが(二〇二一年)、そのうちの二〇校(〇・四%)が東大合格者の四割以上を出しているのである。「東大合格校」が異様なまでに寡占化していることがわかるだろう。そしてこれら二〇校の地理的分布は関東が一五、関西が二、東海が一、九州が二で、鹿児島のラ・サール高校を除いて政令指定都市の通学圏にある。

トップ五には男子校が四校ある。トップ一〇では六校、トップ二〇では一〇校である(表太字)。これら一〇の男子校で計七八五名、全合格者の二五・四%を占めている。実際にはこれ以外にも合格者がいる男子校はあるから、東大生のかなりの比率が男子校から来ていることがわかる。日本の全高校数に占める男子高校の比率は二%に過ぎないという現

表4　東大合格者数トップ20の高校リスト（2022年度／全合格者数3085名）

高校名	運営（所在地）	種類	形態	合格者数	比率
開成	**私（東京）**	**男**	**中高**	**193**	**6.3%**
筑波大学附属駒場	**国（東京）**	**男**	**中高**	**97**	**3.1%**
灘	**私（兵庫）**	**男**	**中高**	**92**	**3.0%**
聖光学院	**私（神奈川）**	**男**	**中高**	**91**	**2.9%**
西大和学園	私（奈良）	共	中高	79	2.6%
桜蔭	私（東京）	女	中高	77	2.5%
渋谷教育学園幕張	私（千葉）	共	中高	74	2.4%
東京都立日比谷	公（東京）	共	高校	65	2.1%
麻布	**私（東京）**	**男**	**中高**	**64**	**2.1%**
駒場東邦	**私（東京）**	**男**	**中高**	**60**	**1.9%**
上位10校				892	28.9%
栄光学園	**私（神奈川）**	**男**	**中高**	**58**	**1.9%**
海城	**私（東京）**	**男**	**中高**	**57**	**1.8%**
神奈川県立横浜翠嵐	公（神奈川）	共	高校	52	1.7%
久留米大学附設	私（福岡）	共	中高	43	1.4%
筑波大学附属	国（東京）	共	中高	42	1.4%
渋谷教育学園渋谷	私（東京）	共	中高	38	1.2%
ラ・サール	**私（鹿児島）**	**男**	**中高**	**37**	**1.2%**
浅野	**私（神奈川）**	**男**	**中高**	**36**	**1.2%**
女子学院	私（東京）	女	中高	31	1.0%
愛知県立旭丘	公（愛知）	共	高校	31	1.0%
上位20校				1317	42.7%

（太字：男子校）

※東京大学は出身校を公表しないため、民間サイト（https://shinbure.com/ut-ranking2022/）および各校が公表している合格実績をもとに作成

状を考えると、これがどれほど特殊なことかがわかるだろう。

なお、東大生の出身校の特殊性はジェンダーに限定されたものではない。トップ二〇内にある男子校は一校を除きすべて私立校で中高一貫を基本としているが、日本にこのような形の学校は非常に少ない。残りの一校も国立の男子中高一貫校で、これも日本にひとつしかない形態である。そもそも日本の高校の七三％は公立高校だが、トップ二〇校に公立の学校は三校しかない。

一般的に、私立中高一貫校の学費は東大の授業料（二〇二二年時点で年間五三万五八〇〇円）より高額である。東大合格者数の多い私立中学・高等学校の学費と諸経費はおおむね年間で七〇万円から一〇〇万円ほどであり、さらに寄付金を求められるのが一般的だ。加えて、このような進学校に合格するには小学生の頃から塾などに通って準備をしなければならない。東大の授業料は私立大学より安価ではあるものの、東大に入るには相応の教育投資がたいていは必要である。

東大が定期的に行っている学生生活実態調査（二〇一八年）によると、東大生の九二・六％が父親を家計支持者に挙げている（複数回答が可能なので、母親を選んでいる学生が三九％いる）。父親の職業は「管理的職業」「専門的、技術的職業」「教育的職業」で七割を超えている。一方、母親は「無職」が三四・二%で一番多く、次に「事務」が一九・八%で続く。家計支持者の年収は七五〇万円以上が七四・三%で、なかでも一〇五〇万円以上が三九・五%もいる。日本では「児童のいる世帯の平均収入」は約七四六万円(二〇一八年)であるが、それと比べると収入が高めであることがわかる。

このようなデータから浮かび上がるのは、東大の学生の家庭の多くは父親が主な家計支持者で、母親が専業主婦、あるいはパートとして家事と育児を担当し、子供の教育に投資する余裕のある都会の中流家族である。むろん、すべての学生がこのような家庭の出身であるわけではない。ひとり親の世帯もあるし、経済的に厳しい環境で育った学生も、人口の少ない地方から来る学生もいる。

しかし総じて言えば、東大生の多くは東京、東海、関西などの大都市圏に住み、管理職や専門職などに就く父親が収入を得て、母親が夫と子を支えるという、近代的なホワイトカラーの核家族像を「普通」のものとして育ってきた男性である可能性が高い。そしてその多くが中学一年生から教室に男子しかいない私立の進学校で学んできている。

二〇一九年の東大入学式の祝辞で、東大の名誉教授で社会学者の上野千鶴子《ちづこ》は、入学生の八割が男性で占められる東大生に向かって「がんばったら報われるとあなたがたが思えることそのものが、あなたがたの努力の成果ではなく、環境のおかげだったことを忘れないようにしてください」と説いて議論を呼んだ。東大のいびつな学生男女比、均質な出身高校や出身地域は決して自然の結果ではない。

今の日本社会では、どれほど潜在的に才能豊かでも、たとえば地方の町村で生まれ育った経済的に厳しい環境にある女性が東大を受験して、合格する可能性はものすごく低いのが実情である。上野はこのような社会の意味を真剣に考えるよう新入生に促した。「あなたたちを励まし、背を押し、手を持ってひきあげ、やりとげたことを評価」してくれるような、安定した家庭の男子が優遇される社会が日本にはある。「頭が良い」だけではなかなか東大には合格できない。東大に合格するにはもともとの才能を発揮することを可能にする特殊な環境が必要なわけであるが、現状、それにアクセスできるのは都会の中流以上の家庭の男子が圧倒的に多いのである。

東大生を描写するにあたり、よく「地頭《じあたま》」という言葉が使われる。それは生まれ持った頭の良さを意味しており、あたかも東大に入ることが優れた地頭の証《あかし》であるかのごとく語られる。学生のみならず教職員も好んでこの言葉を使うし、企業の採用担当者のなかには、「東大生は地頭が良い」からと在学中の成績などをまったく気にしないこともあると聞く。

しかし上野が指摘するように、東大には天性の才能だけではなかなか合格できない。知識と努力だけでなく、テストに向き合う技術やそれに関連する情報へのアクセス、両親と教師の理解と支援、さらにそれを支える資金が必要で、加えて社会が男子に持たせる夢と期待や、東大受験を可能にする都市の私立男子中高一貫校の存在も大きく影響する。東大に入る「地頭」は生まれ持ったものだけでは成立せず、多様な要素が絡み合って初めて成立するものである。当然、そこにはジェンダーの力学が大きく作用している。

海外の大学との比較

ここまで東大の状況を紹介してきたが、女性の学生の少なさは東大に限られたことではない。序章でも指摘したように、おしなべて日本の有力大学の女性学生比率は低い。日本全体の大学における女性学生比率は約四六％だが、「一流大学」と社会に認知されている大学の女性比率はそれよりずいぶん低いのである。どこの大学の出身かが社会での活躍の指標のひとつとされている日本社会において、これは極めて憂慮すべき事態である。

海外の大学と比較してみよう。東大は世界中に研究ネットワークを有しており、なかでも九の大学を「戦略的パートナーシップ校」と定義している。これらのパートナーの状況を見てみると、東大の女性学生比率は極端に低いことがわかる（表5・上）。カリフォルニア大学バークレー校（UCバークレー）、プリンストン大学、ケンブリッジ大学、オーストラリア国立大学、北京《ペキン》大学はほぼ半数が女性である。カロリンスカ研究所、ストックホルム大学は女性の方がはるかに多い。これまで女性が少ない大学として認識されてきたソウル国立大学も三六％超だ。理工系が中心のスイス連邦工科大学チューリッヒ校（ETHZ）、スウェーデン王立工科大学（KTH）、清華《せいか》大学も三〇％を超えている。ちなみに戦略的パートナーシップ校ではないが、東大と研究や教育で強いつながりのあるオックスフォード大学は五二・八％、シンガポール国立大学は五〇・三％、国立台湾大学は四一％だ（表5・下）。

東大の女性学生比率が低いのは「工学部が大きいから」とか「理系が多いから」と説明されることがある。確かに東大は学部後期課程生の三人にひとりは工学部で、全体の六割が理系の学生である。とはいえ、理系に女性が少ないのが必然的結果かどうかは別としても、東大の比率は世界的に見るとそれでも低い。上記のETHZ、KTHのみならず、たとえばマサチューセッツ工科大学（MIT）の女性学生比率は四八％である。同じくカリフォルニア工科大学（Caltech）は四三％、ミュンヘン工科大学は三七％、シンガポールの南洋理工大学は四六・五％である。これらの工科大学にはビジネス学部など、東大の理系諸学部とは異なる分野もあるから、一概には比較できない。とはいえ、女性が一割ほどという東大の工学部の比率が低いのは否めない。ちなみに工学系ではないが、上に触れたスウェーデンのトップ医大であるカロリンスカ研究所は女性学生比率が七三％であり、東大

表5　海外の主要大学における学部学生の女性比率

大学名	女性比率（%）
カロリンスカ研究所＊	73
ストックホルム大学＊	64
カリフォルニア大学バークレー校（UCバークレー）	54.8
オーストラリア国立大学	52
ケンブリッジ大学	48.6
プリンストン大学	47
北京大学	46
ソウル国立大学	36.5
スウェーデン王立工科大学（KTH）＊	34
清華大学	34
スイス連邦工科大学チューリッヒ校（ETHZ）	33
東京大学	20.1

＊スウェーデンの3大学はまとめてひとつのパートナーとなっている

オックスフォード大学	52.8
シンガポール国立大学	50.3
マサチューセッツ工科大学（MIT）	48
南洋理工大学	46.5
カリフォルニア工科大学（Caltech）	43
国立台湾大学	41
ミュンヘン工科大学	37
東京大学	20.1

※各大学の統計に基づき作成。北京大、清華大、台湾大、ミュンヘン工科大は民間サイト（Times Higher Education）より

※欧米の場合、男女のみならずノンバイナリーの学生も統計に入っていることがあるので、必ずしも残りの数値が男性比率というわけではない

医学部の一九%よりはるかに高い。

東大をはじめとする日本のエリート国立大学の女性学生比率は世界的に見ると異様に低いのが現状である。

東大の教員

学生から教員に目を転じてみよう。

東大は男女共同参画を推進しており、女性教員の増加を目指している。最近の人事の公募には「本学は男女共同参画に取り組んでおり、女性教員の積極的な応募を歓迎する」などと明記されていることが多い。二〇二一年に公表された東大の基本方針である『UTokyo Compass』には「女性管理職や女性教授を増やすことにより若手の女性教職員が働きやすい環境を作る」とあり、「教職員の女性管理職の割合を25%に向上させる」ことが明記されている。また二〇二二年には「UTokyo 男女+協働改革 #WeChange」というプログラムを立ち上げ、二〇二七年度までに三〇〇名を超える女性の教授・准教授を採用(昇任を含む)し、国内外から優れた女性研究者を積極的に迎える姿勢を示している。

さらに、人事選考の際に男性を優遇する「無意識のバイアス」が選考側にないかを常に確認する必要性が説かれるようになった。
二〇二二年の統計では、東大の教員の一六・七%が女性である（表6）。ほぼ学生と同じ比率だが、学生の比率がここ二〇年ほとんど変わっていないのとは異なり、少しずつではあるが増えてきている。「女性教員の積極的な応募を歓迎」する姿勢が功を奏しているとも言えよう。

表6　東大の教員の男女比

役職		男	女	合計	女性比率
教授		1231	124	1355	9.2%
准教授		817	150	967	15.5%
講師		246	46	292	15.8%
助教		1043	251	1294	19.4%
助手		13	16	29	55.2%
小計		3350	587	3937	14.9%
特定有期雇用教員	卓越教授	3	0	3	0.0%
	特任教授	101	14	115	12.2%
	特任准教授	168	36	204	17.6%
	特任講師	100	43	143	30.1%
	特任助教	372	140	512	27.3%
小計		744	233	977	23.8%
全体		4094	820	4914	16.7%

（2022年5月現在）

※「東京大学の概要　資料編 2022」（https://www.u-tokyo.ac.jp/content/400197552.pdf）より

ただ、女性教員は「特定有期雇用」という任期付きのポストに就いている比率が高くなっている。全学に九七七名いる特定有期雇用教員のうち二三三名（二三・八%）が女性である。対照的に原則として任期のないポストに就いている講師以上の教員は二六一四名中、女性は三二〇名で一二・二％に過ぎない。

さらに、職位が低いほど女性の比率が高い（これは海外の大学でも同様の傾向が見られる）。女性教員の半数近くは授業を担当することがほとんどない助教である。助教の多くは教授や准教授と異なり、特定有期雇用でなくてもあらかじめの契約で任期が決められており、研究プロジェクトや資金の都合で、三年程度で任期を終えてしまう。女性教員が増えているとはいえ、現状では雇用が不安定で立場の弱い教員ほど女性なのである。

逆に東大においてもっとも安定した職位である教授の女性は一二四名（全教授の九・二％）しかいない。次に安定した職位である准教授も一五〇名（全准教授の一五・五％）である。このふたつの職位だけで見ると、女性教員比率は全体の一一・八％に過ぎず、学生よりはるかに低い。大半が四年で卒業する学生と異なり、教員の多くは定年までいるので、男性が圧倒的多数を占める状態は何もしなければ当分続いてしまう。先述の二〇二二年に発表された女性教授・准教授の採用計画はこのような状況を改善するためのものである。

東大は現状では部局別（大学院・研究所など）の教員の男女比は統計として出していないが、ホームページなどの資料を見れば女性教員が極端に少ないところがあるのは明らかである。さすがに女性がひとりもいない部局は存在しないが、部局内の単位である「専攻」

や「学科」では終身雇用の女性教授・准教授がひとりもいないところもある。総じて言えば、理系の学部は学生と同様、女性教員比率は低い。女性教員比率が比較的高いのは教育学部と教養学部であるが、後者の場合、人文社会科学・外国語系に偏っていて、理系教員は少ない。

つまり、男性の学生が圧倒的に多い東大は、男性の教員も圧倒的に多い。学内の会議などに出席すると、全員が男性であることは少なくない。重要事項が決められる上位の会議になればなるほど、女性比率は下がり、女性教員がいてもひとりということも珍しくない。東大は二〇二一年に就任した藤井輝夫総長の指揮下で理事をはじめとする女性幹部が大きく増えたものの、大学執行部や学部長の大半はやはり男性である。後述するように、世界の大学のトップの多くが女性である状況とは大きく異なっている。

東大生の男女比は最近、メディアなどで問題として取り上げられることが多いが、教員の男女比も極めて深刻なのである。東大には学部生が一万四〇〇〇人強、研究生、大学院生もほぼ同数で、合わせて二万九〇〇〇人弱の学生がいる。現状ではそれに対して、女性教授・准教授は学部生五一名にひとり、院生を含めた全学生には一〇五名にひとり程度しかいない計算になる。入学から卒業まで、女性の専任教員による授業をひとつも履修せずに卒業することもあり得る（その逆は絶対にない）。女性の教員に学んだとしても片手で数えられるくらいのことの方が多いだろう。つまり、東大生の場合、中高も大学も大学院も、同級生は男性だらけ、教員もほとんどが男性ということが起こり得る。そういう環境で男性が男女間の不平等などを社会の切実な課題として感じるのは簡単なことではないだろう。

一方、これほどまでに女性の教員が少ない状況では、女性の学生は悩みを相談できる教員や、将来のロールモデルを探すことが困難になる。それは女性の教員についても同じである。もちろん、相談相手やロールモデルの基準はジェンダーだけではないから、なかには良い出会いに恵まれる学生や教員もいる。またこの状況を改善するために東大の男女共同参画室では二〇一四年度から毎年度「UTokyo Women 研究者ネットワークを作ろう！」（二〇二二年度から「UTokyo Women+ 研究者ネットワークを作ろう！」に改称）を開催し、学内研究者のネットワーク作りを支援している。しかし日々の業務で周囲が男性の学生と教員ばかりであれば、困ることもあるだろうし、自分の将来をそこに投影することは難しい。現状の教員男女比では、優れた女性の学生や若手研究者が大学の一線で活躍したいと自然に思えるような環境が十分にあるとは言いがたい。

表7　主要な国立総合大学における教授の女性比率

大学名	男	女	合計	女性比率	発表年月
北海道大学	652	52	704	7.4%	2023.6
東京大学	1231	124	1355	9.2%	2022.5
名古屋大学	540	60	600	10.0%	2023.5
京都大学	884	85	969	8.8%	2022.5
大阪大学	851	155	1006	15.4%	2023.5
九州大学	611	52	663	7.8%	2022.5

※各大学の統計より

教員の状況の国内・国外比較

女性教員が少ない状況は日本の他の国立総合大学でも変わらない（表7）。東大の教員はしばしば同様の総合大学から採用されることがあるが、優れた女性教員が十分にいる大学は日本には少ないので、東大が女性教員の数を増やせば他が減ってしまいかねないという懸念もある。そのためにも今後は女性の大学院生に対する積極的なキャリア支援が不可欠だし、海外で活躍する女性研究者のリクルートも重要になるだろう。

世界に目を転じてみると、大学で女性の学生が半数、またはそれ以上を占めるのが珍しくなくなっているのとは対照的に、教員はまだほとんどの機関で男性が多数を占めている。先にも触れたように、四年程度で卒業する学生と比べて教員の任期は長いから、新しい人材を迎えるのは容易ではない。

しかしそれでも近年は、大学の執行部を含めて、女性研究者が増えている。アメリカやヨーロッパでは人事にあたり多様性に配慮することが強く求められるようになっていて、なかにはそれが規則として決められているところもある。公募情報の書き方から公募と選抜の方法まで、ダイバーシティに配慮したことを示さなければいけないこともあるし、ジェンダーやエスニシティなどに適切な配慮がなされているかなど、ダイバーシティ・オフィサーが人事プロセスをモニタリングすることもある。とくにアメリカの多くの大学では教員の大半を占める白人男性以外の教員を雇用することが求められる傾向が強く、そうしない場合は、相当説得力のある理由が必要になっている。

このようななか、女性教員の数は少しずつではあるが増えている。二〇二二年のデータによるとプリンストン大学は教授の二八％、准教授の四六％が女性である。ケンブリッジ大学も二〇二一年時点で全教員の三三％が女性である。理工系の大学はどうしても比率が低くなってしまうが、それでもＭＩＴは東大全体よりはるかに高い比率で女性を雇用している。二〇二二年のデータでは教授の二〇・五％、准教授の三〇・二％が女性である。また世界のトップ大学では女性がリーダーシップを執るようにもなっている。プリンストン大学で二〇〇一年からシャーリー・ティルマンが学長を務めたのが好例だが、二〇二三年一一月時点ではアメリカのアイビーリーグ八校中六校が女性の学長であり（表8／ペンシルバニア大学は二〇二三年一二月、ハーバード大学は二〇二四年一月にそれぞれ辞任）、二〇二三年の世界大学ランキングトップ一〇校中五校が女性のリーダーである（表9）。

理工系の分野でもこの傾向は強くなっている。プリンストン大学の工学部では二〇〇三年にマリア・クラーヴェが初の女性学部長となり（二〇〇六年まで）、その後、エミリー・カーター（二〇一一六年）、アンドレア・ゴールドスミス（二〇二〇年）と女性学部長が続いている。MITでは二〇〇四年にスーザン・ホックフィールドが初の女性学長となり二〇一二年まで務めた。二〇二三年には史上ふたり目の女性学長としてサリー・コーンブルースが着任している。オーストラリア国立大学では二〇一四年にエレノア・ハンティントンが、UCバークレーでは二〇一八年にアジア系アメリカ人のツウジェ・キング・リウが初の女性工学部長となっている。このような傾向は欧米やオセアニアなどで顕著になってきているが、これからは世界的な潮流になっていくだろう。

サークル問題

東大は学生の課外活動が盛んである。授業の外で学生たちが集まり、スポーツや文化活

表8　アメリカのアイビーリーグ校の学長

大学名	学長	着任年
ブラウン	**Christina Paxson**	**2012**
コロンビア	**Nemat (Minouche) Shafik**	**2023**
コーネル	**Martha Pollack**	**2017**
ダートマス	**Sian Beilock**	**2023**
ハーバード	**Claudine Gay**	**2023**
ペンシルバニア	**M. Elizabeth "Liz" Magill**	**2022**
プリンストン	Christopher Ludwig Eisgruber	2013
イェール	Peter Salovey	2013

（太字：女性学長）　※各大学公式Webサイトより（2023年11月時点）

表9　Times Higher Education 世界大学ランキング（2023年）トップ10

順位	大学名	学長	着任年
1	**オックスフォード**	**Irene Tracey**	**2023**
2	**ハーバード**	**Claudine Gay**	**2023**
3	**ケンブリッジ**	**Deborah Prentice**	**2023**
4	スタンフォード	Richard Saller	2023
5	**MIT**	**Sally Kornbluth**	**2023**
6	Caltech	Thomas F. Rosenbaum	2014
7	プリンストン	Christopher Ludwig Eisgruber	2013
8	**UCバークレー**	**Carol T. Christ**	**2017**
9	イェール	Peter Salovey	2013
10	インペリアル・カレッジ・ロンドン	Hugh Brady	2022

（太字：女性学長）　（2023年11月時点）

※ https://www.timeshighereducation.com/world-university-rankings/2023/world-ranking

動に打ち込む。スポーツは野球、サッカー、テニス、柔道、相撲などの主要なものから、馬術やヨットなど、都心にあるキャンパスからは容易に想像できないものまである。文化系も演劇、将棋、オーケストラ、ピアノからレゴや襖《ふすま》張りまで、およそ考えつくものはなんでもある。新入生を迎える駒場キャンパスは四月になるとこれらの課外活動を宣伝する看板でいっぱいになる。上級生がキャンパス中でビラを配り、とても賑《にぎ》やかになる。部活動やサークル活動は学生にとって、一年生の「クラス」と同じく重要な学生生活の単位となる。ここで卒業後も関係の続く生涯の友人に出会うことも少なくない。

序章でも触れたが、これらの課外活動で、一部、男女のメンバーがいるのにもかかわらず、女性は他大学の学生に限定して東大の女性の入会を認めないサークルがあることが、近年、新聞報道などで話題になっている。

この問題をテーマにして二〇二〇年、東京大学教育学部に卒業論文を提出した藤田優は、東大女性を排除するサークルを運営する東大の男性学生を厳しく批判している。彼女の調査によると、そのようなサークルでは「食事作りやお酌、練習後に行く飲食店のドアの開閉に至るまで、ご飯にまつわるものはすべて女子の役割、といった『男尊女卑ルール』」がある一方、「東大男子だけが主要な幹部になれる『男子中心運営』」が行われていた。また、「即席のクイズ合戦で東大男子から他大女子への『バカいじり』」が慣行となっていた。[*1]

藤田はこれらのサークルに所属する「東大男子」は「『東大女子お断り』を明確に差別だと認識せず、伝統を無批判に踏襲」していることを指摘し、この「閉鎖構造は、東大女子を入部させないことにより男子にとって優位なジェンダー秩序を維持するのに寄与している」と論じる。「自分達より偏差値が低く、かつ華やかで自分達のサポートに回ってくれる（引用者註：他大学の）女子は、東大男子にとって都合の良い存在」なのである。さらにそのようなサークルに入っていない男性の学生についても、「機会の不平等を問題視する声はあったが、積極的に否定」する声は少なく、「『東大女子お断り』という差別問題に対する東大男子の鈍さ」がうかがえると分析している。[*2]

排他的なインカレサークルがいつからあったのかは明確ではないが、一九八〇年代にはすでに存在していたようである。しかし東大はこの差別的慣習を、学生自治への介入を避けるとする観点から、長いあいだ放置してきた。大学執行部が初めて声明を出したのは二〇一五年三月である。元教養学部長で学生担当理事の長谷川壽一《としかず》教授は「残念なことに学生団体の中には、加入を希望する者に対し、国籍、性別、年齢等により、入会等の制限を加えている団体が見受けられる」ことを指摘し、「自主的・自律的」にそのような制限を再考するよう促した。翌年の二〇一六年にも、引き続き同様の声明が当時の学生支援担当理事（南風原朝和《はえばらともかず》教授）から出された。

これらの声明は学生自治に配慮し、差別を禁止するのではなく、あくまで学生が自らそのような排除をしないようにすることを呼びかけるにとどまるものであった。その呼びかけに対して、男性を中心とする学生の動きは極めて鈍かった。最初の声明が出た直後の二〇一五年四月のサークル勧誘では、相変わらず堂々と東大女性を排除しながら他大の女性の存在を宣伝するサークルが複数あった。

むろん、このようなサークルの存在を問題視する意識が学生になかったわけではない。二〇一六年六月には『東京大学新聞』がこのことを取り上げ、学生に対する調査を行った。その結果、「他大女子限定サークル」の存在について「改善すべき」と回答した学生は四五・九％いた。とはいえ、三一・九％は「問題はあるが、改善する必要はない」、一四・八％は「問題ない」、七・四％が「分からない、関心がない」と答えていた。

学生の半数近くがこのようなサークルは改善すべきとしていたが、それとほぼ同数は藤田が言うように東大女性を公然と排除する学生コミュニティを擁護、ないしは黙認して良いと考えていたのである。その理由は「ジェンダー的な問題がないとは言えないが、勧誘する側には入れる人を選ぶ権利がある」「改善するに越したことはないが、あくまで各サークルの自由」「サークルの多様性を制限するべきではない」「性別で限定することで育まれたサークル文化もあるはず。安易に非難すべきではない」などというものだった。[*3] 女性差別を許すことも「多様性」や「自由」であると考える学生が少なくなかったのである。大学の活動がいかに男性の価値観を中心に回っているかがわかる一例である。

『東京大学新聞』は二〇一九年にもこの問題を特集したが、その際にも女性を排除し続けるサークルが存続していることが判明した。[*4] その調査によれば、女性メンバーがいるのにもかかわらず、東大の女性は認めないと明確に回答したサークルが三つあった。加えて差別はしていないとしながらも実質的には東大の女性を選抜段階で排除しているサークルもあり、取材にあたった学生記者は「東大女子の参加を認めないサークルは数個程度しか存在しないということだが、2年間東大で過ごしてきた身としては、実際はそれ以上〜数十程度存在するというのが偽らざる実感」と述べている。

同紙上では東大女性の参加を認めないサークルの声が紹介されていた。

サークルAは「私どものサークルでは新歓のビラにも『女子は○○大のみ』からなる

（編集注・原文では〇〇大は大学名）と記載しており、東大女子は参加できないことを明示しています。ただ、なぜ『〇〇のみ』なのかは私にも不明な点です。東大女子を入れたいと思ったことも実はありました。ただ入れない理由を聞かれたとしても、伝統としか答えられません。インカレとはそういうものでしょう。（中略）それ故、うちのサークルでは東大女子はおりません。お断りです」と回答。サークルBも同様に、「例年そうなっているため」とサークルの伝統や慣習を理由に挙げた。一方、サークルCは「他大の女子が大勢いる中、東大女子が少数いてもなじめなさそう」と、メンバー間で不調和が生まれるリスクを理由に挙げた。

このように、ここでも女性に対する差別が男性の視点から正当化されている。「伝統」や「常にそう」「なぜなのかは私にも不明」、女性が「なじめなさそう」と開き直ることでこれまでの価値観の再考を拒否しているのである。

同紙では、東大女性を排除するサークルに反発する女性の学生の声も紹介されていた。フットサルサークルのマネージャーになりたいと思っていた法学部三年の女性は入学当初、サークル勧誘イベントでそのサークルを訪れると「東大女子お断りと部屋から出された」

という。「上京して間もなく、地方の高校のためあまり情報もない中そんなことになり、泣きそうになった。何で東大女子なのに東大のサークルに入れないのか、と非常に理不尽に思ったし、東大女子が入れないならせめてサーオリ（引用者註：サークル勧誘イベント）に出店《ママ》しないでほしかった。それを黙認している東京大学も許せなかった」と述べている。

この学生が「東京大学も許せない」と指摘しているように、東大女性を排除する学生活動は、男性学生だけが批判されるべきものではない。藤田はその調査の過程で「『東大女子お断り』を明確に差別として認識し、嫌悪感を示したのは東大女子のみであった」と指摘しているが、「学生自治」や伝統の名目で差別を許容し、放置する空気は長期にわたり大学全体を覆ってきたのである。＊5

大学の対応の変化

ようやく近年、「女子排除サークル問題」はキャンパスでも真剣に考えられるようになった。二〇一九年の入学式の祝辞では上野千鶴子がこの問題に言及し、さらに太田邦史《くにひろ》教養学部長も「ダイバーシティ時代のサークル活動」という文章で学生に対してこのような差別をやめるよう強く促している。＊6

大半のサークル活動の拠点である教養学部の学部長が、このようなメッセージを明確に発した意義は大きかった。ついに二〇二〇年一月には学生によって構成される「2020年度東京大学教養学部オリエンテーション委員会」が「毎年のように、本学の女子新入生が性別を理由に入会を断られるといった事例が報告されています。正当な基準なく特定の大学を対象に性別のみに基づいて入会を規制することは、純然たる差別行為であり、新入生に不快な思いを与えます。このような新入生の不利益になり得る行為は、新入生に対して選択肢が開かれた自由な団体選びを提供することを目指すオリエンテーション委員会として、看過できるものではありません」と指摘し、「2020年度オリエンテーション諸活動において上記のような差別行為を認めないこととしました」と宣言した。

学生が自らこの問題を取り上げるようになったのは、学生の意識の変化に加え、社会の動きや大学の姿勢が少しずつ結果を生み出してきていることを示している。ダイバーシティとインクルージョンを大切にすべきだという意識は学内外で以前とは比較にならないほど高まってきている。

とはいえ、二〇二〇年になってようやくここまでたどり着いたというのはずいぶんと遅いという感も拭えない。「自治」や「伝統」などを理由に、このようなことがこれほどどまでに長く許されてきたことを大学は真摯に省みなければならないだろう。サークルの差別が「女性」ではなく他の属性（国籍、出身地、障がいなど）でも大学はここまで黙認しただろうか。学生は「伝統」を盾に排除を続けたであろうか。そうでないとすれば、なぜ「女性」の排除はキャンパスで公然と許され続けてきたのか。同じ大学の女性を男性学生はなぜ平然と拒否してきたのだろうか。

サークルをめぐる問題は東大におけるジェンダーの不均衡から生じる女性差別が深く構造化され、自然なものとして広く受け入れられてきたことを象徴的に示している。それはどのような過程で形成されてきたのだろうか。次章以降では時間をさかのぼり、東大の歴史を振り返ることで、男性の価値観を中心に据えた大学が作られてきた過程を見てみたい。

第二章　女性のいない東大キャンパス——戦前

『三四郎』と東大キャンパス

一八七七年に創設された東大は「婦人入学ノ件　右ハ入学ヲ許サザル事」とし、長いあいだ男性以外を正規の学生として受け入れなかった。最初に女性の学部生が入学したのは第二次世界大戦終結後の一九四六年である。

つまり、創設から七〇年近く、日本の政治体制が敗戦によって大きく変わるまで、東大には女性の学部学生はひとりも存在しなかったのである。旧帝国大学では東北が一九一三年、北海道が一九一八年、九州が一九二五年、大阪が一九三五年に、それぞれごくわずかながら女性の入学を認めていた。日本の植民地に設立された台北帝国大学と京城《けいじょう》帝国大学にも女性学生がいた。[*1] しかし東大と京大は第二次世界大戦で日本が敗北し、新しい社会が始まる一九四六年まで女性を学部に入学させることはしなかった。

東大はもともと男性のための教育機関であり、男性の教員と学生の組織に、後になって女性の参入が認められた。今日の東大におけるジェンダーの不均衡を考えるうえでは、この「男性の系譜」ともいうべき大学の歴史を忘れてはならない。東大の基盤は長いあいだ、女性不在のなかで築き上げられてきた。男性の系譜のなかで作られてきた組織の影響は、今日まで色濃く残っている。

本章では女性学生が存在しなかった時代の東大を概観する。小説や写真、建築、新聞資料などをもとに、女性のいない東大キャンパスとはどのような様子だったのか考えたい。


夏目漱石の『三四郎』は東大を舞台にした小説である。一九〇八年に『朝日新聞』に連載され、翌年、書籍として刊行された。漱石は一九〇七年まで東大で英文学を教えていたから、『三四郎』に登場する東大生、本郷キャンパスとその周辺の描写は当時の様子をかなり細かく反映していた。

『三四郎』では東大に入学するために九州から上京してきた二三歳の青年、小川三四郎の学生生活の日々が描かれる。三四郎は本郷キャンパスの近くに住み、歩いて大学へ通う。とはいえ、その学生生活に勉学の話はあまり出てこない。せっかく入学したのに、三四郎は大学の授業がとても退屈だと思っている。教授たちは授業に遅れてくるし（学期の一週目は教室に来ることさえしない！）、教壇に立って一方的に難しい話ばかりをしている。三四郎は講義を聞きながら、だいたい他のことを考えている。そのうち「神経が鈍くなって、気が遠く」なる。図書館にはよく行くが、そこでもしょっちゅう物思いにふけっていて、勉強に集中することはほとんどない。

三四郎の頭にあるのは勉強のことでも、将来のことでもなく、東大のキャンパスで知り合った美しい女性、里見美禰子《みねこ》のことである。彼はいつも美禰子について考えている。美禰子とはキャンパスの中央にある池のほとりで初めて出会った。

不図眼《め》を上げると、左手の岡の上に女が二人立っている。女のすぐ下が池で、池の向う側が高い崖の木立で、その後が派手な赤煉瓦《あかれんが》のゴシック風の建築である。そうして落ちかかった日が、凡《すべ》ての向うから横に光を透してくる。女はこの夕日に向いて立っていた。三四郎のしゃがんでいる低い陰から見ると岡の上は大変明るい。女の一人はまぼしいと見えて、団扇《うちわ》を額の所に翳《かざ》している。顔はよく分らない。けれども着物の色、帯の色は鮮かに分った。白い足袋の色も眼についた。鼻緒の色はとにかく草履《ぞうり》を穿《は》いている事も分った。もう一人は真白である。これは団扇も何も持っていない。只《ただ》額に少し皺《しわ》を寄せて、対岸《むこうぎし》から生《お》い被《かぶ》さりそうに、高く池の面に枝を伸した古木の奥を眺めていた。団扇を持った女は少し前へ出ている。白い方は一歩《ひとあし》土堤《どて》の縁から退《さ》がっている。三四郎が見ると、二人の姿が筋違《すじかい》に見える。*2

男の大学であるはずのキャンパスに現れた着物姿の女性が美禰子で、その後、彼女は三四郎のそばまでやってくる。それを見た三四郎は心を奪われてしまう。以降、美禰子のことを毎日のように考えている。

しかしこの小説では三四郎と美禰子の恋愛は成就しない。いや、ふたりのあいだではほとんど何も起こらない。やがて会話をする仲になるが、美禰子が三四郎の心を十分に理解しているのかも最後まではっきりとわからないし、三四郎も自分の気持ちを明確に整理できない。そもそも三四郎は美禰子とはほとんどまともに喋《しゃべ》ることができない。いつもその姿を探し、会う口実を考えているのに、実際に美禰子を前にすると、ぶっきらぼうな口しかきけない。自分の思っていることが言えない。きれいな絵葉書をもらっても返事を書けないし、キャンパスから離れたところでふたりきりになるチャンスがあっても、気持ちをうまく表現することがまったくできない。

美禰子はウィットに富んでいて、英語もできるし、絵画の造詣もある。三四郎よりはるかに教養がある人物である。けれども当時の東大は男性以外の入学は許されないから彼女は東大生にはなれない。美禰子は兄が東大の卒業生で、その友人の野々宮宗八《ののみやそうはち》が東大の研究者をしているからキャンパスによく出入りしているものの、彼女自身は大学の部外者である。三四郎は勉学をそっちのけで、この知性豊かな、美しい女性のことをずっと考えているが、結局、彼女のことはわからない。美禰子の態度は「澄むとも濁るとも片付かない空の様な」ものだと思い、むしろそれに満足感すら覚える。けれどもときには「あの女から馬鹿にされている様でもある」と疑心暗鬼にもなってしまう。そうこうするうちに、美禰子は結婚してしまう。それに対して三四郎が何を思うかは、彼自身もわからないようである。

三四郎は他にも女性と出会うが、やはりまともな意思疎通はできない。九州から東京に向かう途中の列車で会った若い女性とは、旅館で一晩ともに夜を明かすことになるが、布団の中央に自分で境界線を作り、彼女に触れることもないどころか、名前を聞くことすらしない。美禰子とともに頻繁にキャンパスなどで会う、野々宮宗八の妹よし子のこともよく理解ができない。よし子と話しながら「東京の女学生は決して馬鹿に出来ないものだと云《い》う事を悟った」のに、対等な会話をするわけでもない。

『三四郎』に描かれる東大生の生活には女性が存在しないわけではない。しかしそこに登場する東大関係者の男性たちは誰ひとりとして女性とまともなコミュニケーションができていないし、しようともしない。野々宮宗八や三四郎の友人の佐々木与次郎、第一高校（今日の東大教養学部）の教員である広田先生との交流は極めてホモソーシャルな男の世界である。漱石の描いた東大はあくまで男の領域で、知性豊かな女性である美禰子やよし子がその一部となる余地はない。東大と東大生にとって、女性は異質な他者であった。

東京帝国大学の写真集

漱石が『三四郎』を執筆していた頃のキャンパスの写真が今日、残されている。*Imperial University of Tokyo*（東京帝国大学）という英語のタイトルがつけられていることの写真集は初版が一九〇〇年、増補版が一九〇四年に刊行されている。もともと一九〇〇年のパリ万博と一九〇四年のセントルイス（アメリカ）万博に出展するために用意された写真を一冊にまとめたものである。

一九世紀から二〇世紀にかけて、ヨーロッパと北米各地で開催された万国博覧会は近代社会における国家の序列化に重要な役割を果たした。世界の先進国であると自負する国々がそれぞれの優れた文化と技術を展示し、国力を見せつける場であった。各国は競って最先端の工業技術や美しい伝統文化を世界中に披露した。

日本は一八七三年のウィーン万博から公式出展を始め、一八七六年のフィラデルフィア万博では日本の伝統家屋と庭園をフィラデルフィア市内で再現し、アメリカ人を驚かせた。その後も陶器や絹織物などの優れた伝統工芸品を出展する一方、日本が欧米に引けをとらない近代国家であることを示すための展示も行った。そのような時代背景のもと、*Imperial University of Tokyo* は日本にも欧米の国々と同じ最先端の研究と教育を提供する近代高等教育機関が存在することを世界に誇示するために刊行された。

写真集はまず、東大のこれまでの総長と現在の学部長（当時は大学長）の肖像写真から始まり、その後、教授の写真（写真1）が並んでいる（講師であった夏目漱石の姿はない）。これらの人物はすべて日本人と西洋人の男性で、当然ながら女性はいない。西洋のスーツを着ている教授が多いが、和服や軍服姿の者もいる。多くは髭《ひげ》をたくわえて、威厳があり、威風堂々としている。

教授の紹介の後には、キャンパスの風景が並ぶ。きれいに整備されたキャンパスには洋風の建築が並んでいる。大きな窓があり、天井が高く、広々とした教室では、学生たちが真面目に学んでいる（写真2）。三四郎のように退屈して気が遠くなっている様子の学生はひとりもいない。病理学教室の実験室では、学生ひとりずつに顕微鏡があてがわれ、皆、何かを熱心に観察している。工学実験所の試験室では、教授らしき男性がどっかりと椅子に腰をおろしている前で、学生服と学帽姿の若い男性たちが、大きな機械を動かしている。建築学製図室では教師が見守るなかで、大きな西洋机の上に図面を広げている学生たちが

【写真 1】 教授たち。*Imperial University of Tokyo*（小川寫眞製版所、1900 年）より（以下同）

【写真 2】教室の様子

いる。

一連の写真は、ヨーロッパやアメリカから遠く離れた東洋の国である日本でも、欧米の大学と変わらない様子のキャンパスで、最先端の設備を使って優れた教育が行われていることを示していた。教員には白人男性もいるが、圧倒的多数は日本人男性だ。これらの日本人教員と学生は、近代の知と技術を体得した、欧米の文明国の男たちに引けをとらない存在として提示されていた。

ここでも中心はすべて男性であるが、病院や手術室の写真には医師や学生を助ける看護師の女性の姿が見られた。「眼科手術室」では四人の男性が患者の頭の周囲に立っていて、その後方にふたりの女性看護師が立っている（さらに後方の壁の上部にはふたりの白人男性の肖像画がかけられている／写真3）。

また「外科病室」には四人の白衣を着た男性がいる（写真4）。一番手前の男性は髪を短く刈り、立派な口髭をはやし、長テーブルの前にゆったりと腰かけて、カメラを凝視している。その表情には自信があふれている。これは当時の第一外科の教授、近藤次繁《つぎしげ》だと思われる。近藤はドイツやオーストリアへの留学経験もあり、日本外科学会の創設にも関わった、日本を代表する外科医であった。後方にも口髭の男性が壁にもたれかかって立っているが、その反対側に白衣の小柄な女性、さらに部屋のずっと奥の方にも看護師と思われる女性の姿がある。

一方、部屋の壁に向かって並ぶベッドで横たわる患者はすべて女性で、付き添いも女性

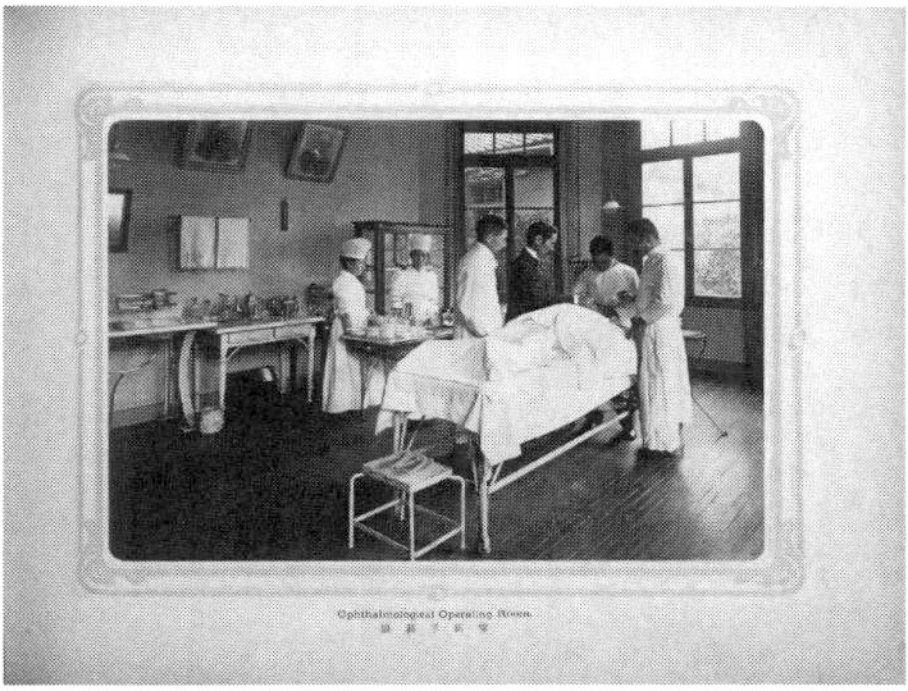

【写真３】眼科手術室

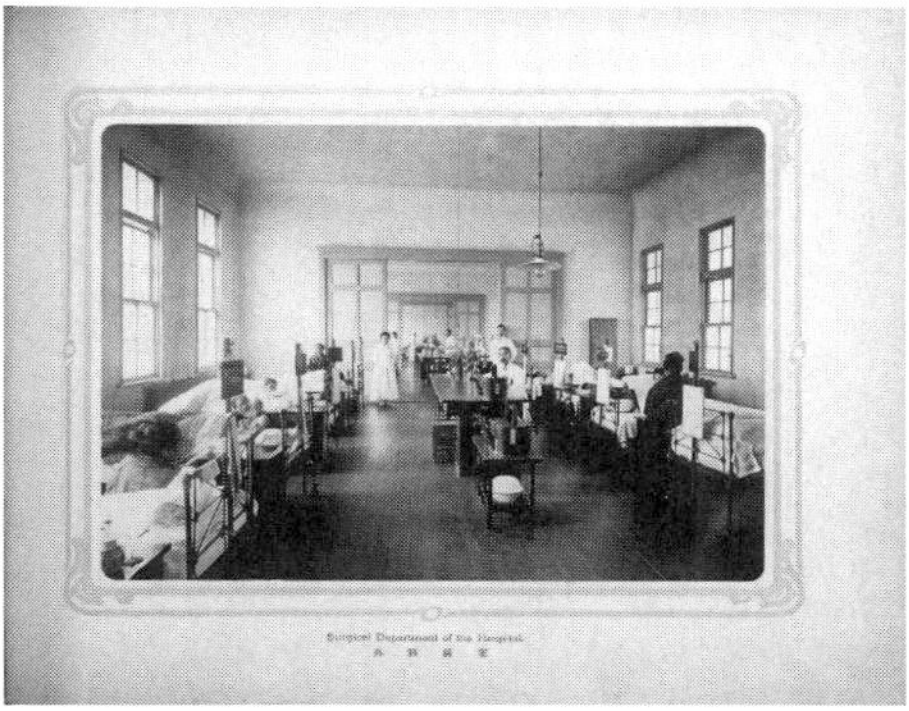

【写真４】外科病室

である。ベッドの脇には表示板があり、患者の名前だろうか、横書きで何かが書かれている。

三四郎が初めて美禰子をキャンパスの池のほとりで見て心を奪われた時、そこにはもうひとりの「真白」な女性がいた。白衣を着るその女性は東大病院の看護師であったが、当時、美禰子やよし子のような学外からの訪問者を除くと、キャンパスにいる女性の多くはこの写真に写っているような看護師、そして病院の患者とその付き添いであった。大学病院には看護師を養成する施設があり、そこで学ぶ女性たちは構内の寄宿舎に住んでいた。

女性用の外科病棟には大きな窓があり、日差しが差し込んでいる。暗くなれば電灯がともるようになっている。天井は高く、広々とした感じで、整理整頓が行き届いていて、中央のテーブルには花がいけてある。「病棟」という感じの重苦しい雰囲気はあまりない。むしろこの写真には日本の医学知識と施設への強い誇りが感じられる。日本では西洋の医師と変わらぬ最新医学を知る近藤のような東大の男性医師たちが、電気の通る最新の清潔な病棟で、病に伏す人びとを救っていることをヨーロッパやアメリカの万博訪問者に訴えていた。

このような写真は『三四郎』と同様、当時の東大構内は男性だけの世界ではなかったことを示している。とはいえ、そこで中心的に活躍するのは男性であった。海外で紹介されたこれらの写真に写る女性たちは、男性を補佐する看護師、あるいは男性に病を治してもらう患者として、東大の男性の権威を高めるために存在していた。

【写真５】心字池

三四郎池とモニュメント

三四郎が美禰子と看護師に出会った池は、もともと加賀藩前田家の庭園である育徳園の一部で、「心字池《しんじいけ》」という名であった（写真5）。

今日、ここは「三四郎池」として知られている。本郷キャンパスのほぼ中央に位置しており、高台から周囲を鬱蒼《うつそう》と囲む木々のあいだを降りていくと、静かな水面が現れる（写真6）。キャンパスが学生や観光客でいっぱいになる日でも、訪れる人はあまりいない。この池が三四郎池と呼ばれるようになったのがいつか明確ではないが、一九四六年の『帝国大学新聞』（現在の『東京大学新聞』）にはすでにその名称が使われていた。[*3]

三四郎にとってこの池が特別な意味を持ったのは、そこに美禰子の姿があったからなのだから、ほんとうは「美禰子池」と呼ぶべきだろう。このような名前のつけ方にも男性中心のキャンパスとしての視点が表れている。池のほとりに立つ案内表示には、「この池の正式名称は『育徳園心字池』なのだが、夏目漱石の小説『三四郎』以来、三四郎池の名で親しまれている」とあるだけで、美禰子への言及すらない。

序章でも触れたように、そもそも東大のキャンパスには女性の名や功績を記憶するようなものは一切ない。

【写真6】三四郎池（著者撮影、以下同）

大学の広報誌『淡青』第三六号（二〇一八年三月）によれば、東大には「先人たちが意図して残してきたモニュメント」が多数ある。同誌はこのうち東大で活躍した人物の像を一九掲載しているが、すべて男性である（表10）。うち半分は東大（一高を含む）の初期に活躍したいわゆる「お雇い外国人」を讃《たた》えるものだ。東大の学生に最先端の科学的知識を授けるために、日本政府に雇用されたヨーロッパ出身の白人男性たちである。残りはすべて日本人男性だ。一六は戦前のもので、残りは二一世紀に入ってから設置されている。

もっとも古いのは一八九五年に製作されたレオポルド・ミュルレルの像である。ミュルレルは眼科と外科が専門で、ドイツの医学を教えるために東大に来たプロシアの軍医だった。医学関連では長く医学部教師として活躍したエルウィン・ベルツと、近藤次繁の師で

表10　東大で活躍した人物の像

	人物名	設置年
1	レオポルド・ミュルレル	1895
2	エドワード・ダイヴァース	1900
3	フリードリッヒ・プッチール	1902
4	エルウィン・ベルツ	1907
5	三好晋六郎	1914
6	下山順一郎	1915
7	佐藤三吉	1924
8	濱尾新	1932
9	ヨハネス・ヤンソン	1902
10	ジャン・バプティスト・アリヴェ	1902
11	ユリウス・スクリバ	1907
12	チャールズ・ウェスト	1910
13	隈川宗雄	不明
14	青山胤通	1920
15	ジョサイア・コンドル	1922
16	古市公威	1937
17	山川健次郎	2006
18	フレデリック・ストレンジ	2004
19	上野英三郎とハチ公	2015

※『淡青』第36号（2018年3月）より作成

【写真７】ベルツ像（左）とスクリバ像

もあった外科医のユリウス・スクリバの胸像（一九〇七年）も医学部附属病院から道を挟んで並んでいる（写真7）。

本郷キャンパスでひときわ目立つのは一九二二年に彫刻家の新海竹太郎によって作られたジョサイア・コンドル像である（写真8）。コンドルは工部大学校（工学部の前身）の造家学科教師で、日本の建築に多大な貢献をしたことで知られる。建築学科が入る工学部一号館を背にコンドル像は立っている。右足を軽く前に投げ出し、右手に葉巻を持ち、左手はズボンのポケットに入れたままで、目はまっすぐ前を見据え、堂々とリラックスして工学部の「列品館」を見つめている（列品館はもともと、学術標本を展示するための展示室だった）。日本の近代建築の父としての自信に満ちあふれた様子である。

もうひとつ多くの人の目に触れるのは、安田講堂の脇を通る坂道の途中にある濱尾新の像である（写真9）。コンドル像を制作した新海竹太郎に学んだ堀進二によるもので、一九三二年に完成した。濱尾は東大総長を二期、合計一一年務めた他、文部大臣や枢密院議長を歴任した。三四郎池を背に、椅子に腰かけ、脚を組み、肘掛けに肘をつき、自信にあふれた笑みを浮かべている。戦前の東大を代表する指導者とされた濱尾の像は、大学構内にあるどれよりも大きい。

濱尾と同じく全身像として残されているのは古市公威《ふるいちこうい》である（一九三七年／写真10）。初代の工科大学長（工学部長）だった古市は日本の土木工学と行政に多大な影響を与えた人物としても知られている。古市像は本郷通りを背に、工学部の一連の建物が見渡せる位置に堂々と座っている。

なお、一九九八年に東大の総合研究博物館で開催された特別展「博士の肖像」のために木下直之《なおゆき》らが行った調査によると、東大にはこれ以外にも戦前から多くの男性

【写真8】コンドル像

【写真9】濱尾新像

【写真10】古市公威像

の像や肖像画が作られてきた。先に触れた『淡青』に掲載されたものや、各学部の研究室、会議室、廊下、倉庫などにあるものを含め、像主や作者が判明しているものだけでも、合計一四〇以上の肖像画・肖像彫刻があることがわかっている。東大の教室内が男性の教員と学生の姿であふれていたのみならず、壁や廊下、庭にも男の顔が並んでいたことがわかる。

いささかふざけた話になるが、大正期の東大本部には巨大な雄鹿の頭部の剝製が飾られていた（これは今日、総合図書館の記念室に残されている）。東洋の動物標本をイギリスに送った返礼として、一九一三年にイギリスのジョージ五世がウィンザーにある猟場で獲《と》ったものが東大に寄贈されたという。剝製動物までオスだったのである。

キャンパス内の女性像

戦前の東大には基本的に男性の教員と学生しかいなかったのだから、これらの像や絵画がすべて男性のものであるのは当然でもある。とはいえ、三四郎の世界に美禰子がいたように、そして、一九〇四年のキャンパスには女性の看護師らがいたように、キャンパス内の芸術作品に女性の姿がまったくないわけではない。

【写真11】コンドル像の台座

新海竹太郎が制作したコンドル像の足元には当時、東大工学部の建築学の教授であった伊東忠太がデザインした台座がある（写真11）。そこには男女の邪鬼が描かれている。伊東は妖怪や怪物が好きなことで知られ、『妖怪研究』などの書も著していた。東大の史料室によると、この台座にある邪鬼は地震を象徴するもので、コンドルの足元で平伏しているのは、日本の建築の耐震化に尽くしたコンドルに敬意を示すものだという。[*4]

女性の邪鬼は髪が長く、裸で胸をあらわにして、地面に這《は》いつくばっている。三つ揃《ぞろ》いのスーツを身にまとい、自信満々のコンドルは西洋近代を象徴する存在で、野蛮で裸の邪鬼を踏みつけているかのようだ。この邪鬼は東大のキャンパスにおいて、おそらくもっとも古い女性像である。

また、一九二五年に完成した安田講堂の大講堂の壁画にも女性の姿があった。画家の小杉未醒《みせい》（放菴《ほうあん》）によるこれらの壁画は「湧泉」と「採果」と名付けられている。泉から湧き出る水と豊作の果実を採る二枚の絵が左右に配置されており、木下直之によれば、これらは東大で学ぶ学生たちの勉学と成長を表すものだった。*5

小杉は壁画で知られるフランスの画家ピエール・シャヴァンヌに傾倒していた。シャヴァンヌはヨーロッパの古典や神話の要素をその作品のモチーフとして用いることが多かったが、小杉の二枚の壁画にもギリシャ・ローマを想起させる古典的な人物が何人も描かれている。うち六名は明らかに女性であり、古代のチュニックのような衣装を身にまとっている。壁画の男性は水を汲《く》んだり、果物を収穫したりしているのに対し、女性はだいたいのんびりと寝そべっていて、働いているのはひとりもいない（ひとりは葡萄《ぶどう》を手にしているが、それは働く男性に渡されたもののようだ）。この壁画では女性は労働や生産性とは無縁の存在として描かれている。

一九三八年に完成した医学部附属病院の外来診療所（現在の管理・研究棟）の壁には二枚の巨大な浮彫が施された。うち彫刻家の新海竹蔵によるものにはそれぞれ診断、治療、予防に従事する男性医師とその背後で補助をする女性の姿がある（写真12）。美禰子とともにいた「真白」な看護師や東大の写真集に登場する女性と同じである。そして、これらの人物はやはり小杉の壁画と同じように、西洋の女性のように見える。

【写真12】新海竹蔵による浮彫

一方、この建物の内側にある中庭に抜けるアーケードには画家の寺崎武男による壁画もあった。今日は歳月の影響で消えてしまっているが、そこには「降魔の剣を抱く神」という女神の姿があったという。[*6]

東大キャンパスの像や絵画に描かれた女性のイメージは、まずは男性を補助したり、仕事とは無縁の生活を楽しんだりする存在である。そして、エキゾチックで現世とかけ離れたところにいる存在だった。邪鬼や古代の西洋の女性の姿で、写実的に再現した男の銅像や肖像画が次々と作られていたのとは対照的だった。女性はたとえ描かれても、東大のキャンパスの日常とは切り離された領域に置かれていた。三四郎にとっての美禰子のように、対話や相互理解を築く同じ目線の対象ではなかった。

東大で学んだ女性たち

ここまで見てきたように、戦前の東大キャンパスは男性教員が男性学生に教える「男子大学」であった。一方、美禰子のようにキャンパスを訪問する女性もいたし、大学構内の宿舎に住み、病院で働く女性看護師もいた。さらに、実は教室で学ぶ女性もわずかながら存在したことを忘れてはならない。

すでに述べたように、東大は女性の入学を一九四六年まで認めていなかったから、それまでは東大の学部に女性が入学して学位を取ることは不可能だった。しかし大学が開催する公開講座に参加したり、一部の学部の聴講生となったりすることは可能だった。また、正規の研究員としてではなく、インフォーマルに研究室に所属して研究の機会を得た女性もいた。非常にわずかながら、大学院への入学を許された例もある。これらの大半は長続きしなかった散発的な事例であり、東大が基本的に男性の大学であったことには変わりはない。とはいえ、このような例外的な女性がいたという事実が、今日の東大ではほとんど忘れられている。いくつかの事例を見てみたい。

一九一七年八月八日、『読売新聞』に「赤門日参の記　帝大文科の夏期講座へ女だてらに出席して見て」という記事が掲載された。東大の文学部などが有料で公開講座を開始し、女性の履修も認めた結果、東大の教室に初めて女性が生徒として足を踏み入れ、教授たちの授業を聞く機会を得たのだった。

「女だてら」に東大文学部の夏期公開講座に出席した一七歳の河村明子は、八月一日から六日のあいだに、「桑木先生の御講義」、「大塚博士」の「美の王国」という講義、そして「坪井博士」の「十九世紀の世界の大勢」を聴講した。これらはそれぞれ哲学者の桑木厳翼《げんよく》、美学者の大塚保治《やすじ》、歴史学者の坪井九馬三《つぼいくめぞう》を指していると思われる。当時の日本を代表する研究者たちである。河村によると大塚の講義は「婦人向きで、夏向きで、軽いおもしろいものだつた」。

また、八月二日の『読売新聞』では、哲学者の井上哲次郎の授業に出席した「田中工学博士夫人」の「芳子」が「私の聴きましたのは井上（哲）博士の東洋倫理学思想でしたが、どの婦人にも解りやすい講義で、さほど婦人にむつかしいものとは存じませんでした。私が本日参りました教室は、八百人ばかり入れる所でしたが、その中に婦人は十五名ほど見えました。しかし各教室を通じて教へますし聴講生総数の約一割が婦人で斯様《かよう》に世間の予想以上に多数の婦人聴講者がこの最初の試みから見られたといふことは、時代の要求とはいひながらもまことに喜ばしい」と新聞記者に述べていた。

これら公開講座は性別による参加制限はなく、年齢もまちまちだったようである。田中芳子の観察からもわかるように、当初は男性の参加者の方が圧倒的に多かったが、年を追うごとに女性が増え、一九二〇年には女性の比率は三分の一にまでなっていた。新聞はこのことをもって、「明かに女の知識欲増進を語つてゐる」と解釈していた。[*7] ただしこの公開講座は長く続かなかったようである。

さらに一九二〇年からは一部の学部で研究生（聴講生）の受け入れを開始し、女性にも門戸を開いた。一九二〇年から二七年まで、文学部では四一五名、経済学部で一九名の女性が学んでいる。他にもわずかながら工学部と医学部にも聴講生、専攻生と呼ばれる女性が存在した。しかし法学部は女性を一切認めなかった。[*8]

女性が東大のキャンパスで男性と肩を並べて授業履修するのは大きな話題を呼び、その動向はしばしば新聞などで報道されていた。一九二〇年には日本女子大学校附属高等女学校（日本女子大学附属中学校・高等学校の前身）の教諭である内田とし子が史学部で学んでいたことが話題になったし、一九二一年には同校教諭の鈴木ひでるが医学部薬学科で初めて専攻生になったことが報じられている。*9

女性聴講生の存在

とはいえ、社会はこのような聴講生をエリートの東大生とは同等の存在とはみなさなかった。ある記事によると「海老茶《えびちゃ》袴《ばかま》にグリーンのパラソルをさした軽快な姿の若い女学生がポプラのかげに見えつかくれつ角帽に混り正門や赤門から吸ひ込まれてゆく」光景が見られるようになった。しかし大学当局によると「一番困るのは一年以上通ひ続けるものは稀《まれ》で大抵途中で飽きたりお嫁に行つたりする」ことだ。また「若い男女が袖すり合はして講義をきくのだから多少ロマンチックな事があるかと思へば、それは割合に少い」ものの「講義をそつちのけで秋波の送迎をかはし、空間のいちやつきをやるには少々困る」とも言われていた。*10 女性聴講生は真剣味に欠けており、そもそも基礎学力が不足しているという非難の声は少なくなかった。

聴講生のなかには確かに興味本位で登録し、結局、長続きしなかった者もいただろう。

しかし実際に聴講生を教えていた教授の評価はさほど否定的ではなかった。哲学者の桑木厳翼は「女子高等教育の方法論に就て」と題した文章を一九二二年四月の『婦人公論』に投稿し、東大に通う女性聴講生を痛烈に批判した京都大学の野上俊夫博士の意見に強く反論した。「私も亦或《またある》場合に、女子が居ては講義が低下しはしないか、といふ苦情を或学生から聞いたことがある。又或教授が欧字へ仮名をつけたなどといふ伝説を耳にしたことがある。教室中に半分若《も》しくは三分の一も女子がズラリと併《なら》ぶと、先生の方でも多少程度を下げたくなるだらうといふ心配をする人もある」と認めながらも、「是等《これら》の多くは凡て皆杞憂《きゆう》に過ぎないことを確かに知つて居る」と断言していた。

桑木によれば、問題の本質は聴講生という制度そのものにあり、レベルが不足している者がいるとすれば、それは女性だからではなく、聴講生として他の学生とは異なる基準で選考されているからだった。

だからといって、女性を正規の学生として入学させるべきということにはならなかった。桑木は「女子高等教育を授ける為には他に良法があるであらうか」と問い、現状では聴講生制度が女性の高等教育には最良の選択であると考えていた。このような状況での聴講生制度は、真剣に学ぼうとする女性には極めて不十分なものだった。

一九二五年、九州帝国大学法文学部に初の女性として入学した調須磨子は、もともとは東大の聴講生だった。本郷で一年間哲学を学んだのだが「悲しいかな語学の力が足りない」うえに「肝賢な図書館が私共に利用されない事になつてゐました」という。聴講生になったのに「張合《はりあい》がなく緊張味が欠けて」しまうため、いろいろと考えて、家族のいる九州で学ぶことを選んだ。女性の入学を許してもらうために文部省にかけあったところ「講座でも教授でも九大より東京帝大がいくらも勝て居るだから東大の聴講生になつたがよくはないか」というつれない回答だったが、「聴講生は最早《もはや》懲々《こりごり》」と思い、必死になって九大を目指した。晴れて入学できたことについて、調は「私達女性に大学の門戸を解放《ママ》されたことは全く私達の命が救はれた様に思ひます」と述べていた[*11]。

調が東大で学んだ「哲学」の教員が桑木であったかどうかはわからないが、その後、フッサールの現象学をテーマに卒論を書いた彼女が西洋哲学、とくにカントを講じていた桑木の授業にいたとしても不思議ではない。桑木は調のような女性聴講生の才能は認めつつも、「本科学生で狭隘《きょうあい》を告げて居る」図書館に入ることはできないことや、「教授其他との関係も他の男子学生に対して遠慮すべき場合もあるから、講義以外に指導を受ける機会が少ない」ことはやむを得ないと考えていた。いくら日本を代表する哲学者のもとでも、そんな状況で学ぶのは「懲々」だと調は結論づけたようである。

結局、文学部の聴講生制度は、一九二八年には一般の学部入学志願者が増えたという理由であっさりと募集が停止になり、以降、男女の聴講生は文学部では受け入れられないようになった。もともと他の学部に聴講生はほとんどいなかったため、女性聴講生はその後、キャンパスでは見られなくなった。一九三八年には濱田美穂という女性が工学部で聴講生となり、「男ばかりの固い教室の壁の〝花瓶の花〟となつてゐる」ことが新聞で報道されていたが、これは「男の大学に女のゐる風景」として、極めて例外的な事例だった。[*12]

女性留学生と大学院生

一方、興味深いことに、東大は大学院には極めてわずかながら、女性の入学を許していた。教育学者の所澤潤《しょざわじゅん》の研究によれば、最初に女性の大学院生として入学が許されたのは中国人の韓桂琴（後に韓幽桐に改名）だった。中国の北平大学の卒業生であった韓は、一九三四年五月に東大法学部の大学院に合格している。それまではたとえ大学を卒業していても、女性が東大の大学院に入ることは想定されていなかったが、海外からの志願者を前に、東大は例外的な決断をしたようである。そしてこの例外は前例となり、その翌年には初めて日本人女性が法学部大学院に入学し、その後も法学部と農学部への入学者があった。[*13]

韓によれば、法学部には五年間在籍していたが、当時を振り返り、「東京帝大はこれまで女子学生をとったことがなかったそうだ」と述べている。勉強する時は大学の図書館は利用しなかったようだ。男ばかりの空間が息苦しかったのか、彼女は「上野図書館」の「女子閲覧室」（帝国図書館の婦人閲覧室）まで行っていた。「上野図書館」は「閲覧室は広く、男女が別になって」おり、その女性用閲覧室で彼女は「当時の日本の各階層の女性たち」に出会うことになった。何人もの女性の友人ができて、「『のびる』会」という女性だけの「学習と討論」の会を始めたという。それは東大のキャンパスでは到底できないことだった。[*14]

韓は日中戦争が始まった後、帰国を余儀なくされたが、その後も指導教授のひとりである法学者の横田喜三郎のことを忘れなかった。横田は「中国人学生を尊重してくれて、少しの差別もしなかった」という。後に中国社会科学院法学研究所の副所長となった韓は、横田の著書を中国語に翻訳するほど師を敬愛しており、一九八〇年に横田が日本学士院代表団団長として中国を訪れた際、喜びの再会を果たしている。

しかし韓の思い出には横田への言及はあるものの、東大での学びの話は一切ない。他の男性の級友や授業の様子はまったくわからない。上野の図書館の話はあっても、東大の図書館の話はない。下宿先で世話になった家族や日本の生活などが懐かしげに綴《つづ》られているものの、自分が「東大の第一号女子学生」だったキャンパスでの日々は一切描かれていない。まるでキャンパスに存在しなかったかのようですらある。

以上のように、これまでほとんど可視化されてこなかったものの、戦前の東大の教室には公開講座の参加者、聴講生や専攻生、そして大学院生など、女性が少数ながら存在した。

女性研究者

研究者はどうだったのか。教育学者の湯川次義《つぎよし》の研究によれば、「嘱託」などという肩書きで、教員が女性学生を個別に研究室に受け入れている例があった。そのなかでも特筆すべきは日本で初めて女性として博士号を授与された保井《やすい》コノであろう。[*15]

東京女子高等師範学校（現在のお茶の水女子大学）助教授だった保井はハーバード大学やシカゴ大学でも研究歴があり、英語論文もある研究者であった。しかし女子高等師範学校では研究費や設備が十分ではなかった。そのため、一九一七年一二月より東大の「嘱託」という身分で研究を始めたと言われている。遺伝学講座教授の藤井健次郎のもとで実験を行い、学会では「女性と云ふものの学術研究可能性の最高標準を示した」研究を発表し、注目を浴びた。一九二二年には授業補助も引き受け「教壇に立つて最高学府の髯男《ひげおとこ》に植物遺伝学を教へる事になつた」。[16]

女子高等師範学校教授で保井の上司であった矢部吉禎《よしただ》は保井について「日本で官立の大学に授業を受持つてゐる婦人は保井さんだけです。植物遺伝学にかけては有数の学者です。まだ独身で居られますがジミな方ですから世間には余り知られて居ません。女として男を立派に指導して居られるのは誠に敬服の外ありません。ですから私は生徒に『あなた方は女学校で教へるだけと思はず保井さんの様に奮発して男にも教へる覚悟がなければなりません』といつも言ひ聞かせています」と保井を高く評価していた。[17]

保井はその後、一九二七年に日本産の石炭の構造分析に関する論文で、博士の学位を東大より授与されている。とはいえ、「有数の学者」で「学術研究可能性の最高標準を示した」保井は結局、東大の正規の教員に採用されることはなく、女子高等師範学校の後継であるお茶の水女子大学でそのキャリアを終えている。その間、東大の藤井研究室で実験を続け、多くの東大生を指導した。教えを受けた東大教授の篠遠喜人《しのとおよしと》は保井を藤井の「弟子であり、共同研究者であり相談相手であられた」と記している。[18]

モニュメントと多様性

戦前の東大は文字通り男性の大学だった。女性の夏期講座受講生や聴講生、研究者が新聞記事の話題になり、そのたびにことさらに彼女らの容姿や知性、果ては独身であるかどうかなどが関心の的となっていることからも明らかなように、そもそも女性は東大に本来いることのない珍しい存在とされていた。

実際、小説、写真、記念碑などから浮かび上がる東大のキャンパスは限りなく「男の世界」である。そしてこの傾向は今日まで続いている。近年はキャンパスに銅像はあまり作られなくなったものの、二〇〇六年には理学部一号館の向かいに、物理学者で東大と京大の総長を歴任した山川健次郎像が作られた。二〇一五年には「忠犬ハチ公」の飼い主として知られる上野英三郎博士とハチ公の像が弥生《やよい》キャンパスの入り口に置かれて話題を呼んだ（戦前には雄鹿がキャンパスで飾られたように、今回も女性より前にオスの犬の像が作られたのである／写真13）。

今後、東大はそのキャンパス景観を通してどのような人物を記憶すべきだろうか。銅像や肖像画は時代遅れかもしれないが、すでにあるものが男性ばかりであれば、その偏向を是正し、韓や保井、あるいは次章で触れる中根千枝《ちえ》などが顕彰されても良いのではないだろうか。

これは東大に限った問題ではない。たとえば、ハーバード大学医学部の教室棟には歴代の著名な教員の胸像がたくさん並んでいたが、すべて男性のものだった。学生などからの批判を受け、ようやく二〇一八年にアリス・ハミルトン博士の胸像が設けられた。一九一九年にハーバード大学医学部の教員となったハミルトンは、ハーバード大学で採用された初の女性教員でもあった。

ハミルトンの像の披露式典で、ジョージ・デイリー医学部長は「今後、ここにある芸術を変えることで、過去に敬意を払いながらも、私たちの素晴らしい多様性をさらに促し、讃えるようにしていきたい。アリスのように私たちの大学と世界に大いに貢献したのにもかかわらず、この空間に十分に含まれてこなかった人

【写真13】上野英三郎博士とハチ公の像

びとをこれからも認知していきたい」と語った。*19

世界各地の大学では女性差別や人種差別を行った指導者の像を撤去したり、アリス・ハミルトンのように、これまで認知されてこなかった女性や黒人などのマイノリティの姿をキャンパス景観に取り込んだりする努力が盛んになっている。

とりわけアメリカでは #MeToo や Black Lives Matter 運動の影響もあり、大統領などの著名な白人男性の名前を冠した学部や建物が名称変更されるということも起きている。それはキャンパスが単にその大学の教育や研究の価値観を反映するのみならず、そこで日々を過ごす学生や教職員の意識に大きな影響を及ぼすと考えられるからである。白人男性の功績のみがあたりまえのように讃えられ、記憶されるようなキャンパスでは、多様性を大切にする姿勢は育まれないという声が強くなっているのだ。

次章でも見るように、東大では戦後に活躍した女性の学生や教員が少なからずいるが、戦前にも大学として記憶しておくべき女性が存在していた。今後はそのような多様性を意識したキャンパス景観を作り上げていくことが望まれよう。

第三章　男のための男の大学——戦後

初の女性東大学部生

一九四五年八月、日本はポツダム宣言を受諾し、ようやく長い戦争は終わった。日本政府は九月二日に降伏文書に調印し、アメリカを中心とする連合国最高司令官総司令部（GHQ）の占領下に入った。日本の民主化を進めようとする連合軍のもと、日本社会のあらゆる面が改革の対象となった。

女性の大学教育も例外ではなかった。連合国最高司令官として着任したダグラス・マッカーサーは一九四五年一〇月に「人権確保の五大改革」を発表したが、そこには「婦人の政治的解放」が含まれており、これまで極めて限定的だった女性の教育機会の拡大を日本政府に求めていた。一九四六年三月には米国教育使節団が来日し、これからの日本の教育に対しさまざまな提言をしたが、なかでも高等教育については「少数者の特権ではなく、多数者のための機会とならなくてはならぬ」と主張していた。[*1]

このような圧力のもと、日本政府は「女子教育刷新要綱」を諒解《りようかい》し、女性の教育機会にも目を向けるようになった。男性以外の入学を認めてこなかった東大も、女性の入学を許可せざるを得なくなった。一九四六年四月に行われた戦後初の東大入試では女性も受験ができるようになった。四四八三名の受験者中、女性は一〇八名（二・四％）だった。そして合格者一〇二六名のうち、女性は法学部四、医学部一、文学部八、理学部二、農学部一、経済学部三の合計一九名だった。*2 比率にすると一・九％である。

戦後初の入学式は一九四六年五月一日に行われた。同年五月一一日付の『帝国大学新聞』によると、入学者は従来のように限定されたエリート高校（旧制高校）からまっすぐ来た学生に加え、旧制高校出身で希望の大学に入学できず再度受験を希望していたいわゆる「白線浪人」、さらに「他帝大からの転入者、軍学校出身者」など「雑多」な「群」から構成されていた。

新入生たちは「遠い彼岸のやうに思つてゐた帝大入学といふ夢が急に現実に眼の前につきつけられたものめづらしさと真剣さ、別世界に入つた一種の憧憬が喜びをおさへた緊張の雰囲気」をかもし出していた。

この雑多な群のなかに、ごくわずかな女性が含まれていたわけだが、彼女たちは「流石《さすが》に面映《おもは》ゆさうに一箇所にかたまっ」っていた。それまですべての教員と学生が男性で、同期も九八％以上が男性という環境に入った女性たちが「面映ゆ」く感じたのも無理はない。

実際、彼女たちは初日から男性の奇異の目にさらされていた。『帝国大学新聞』によれば、東大の「先輩の学生」である男たちは「色とりどり華かなただしあまり美しくはない女子学徒をもの珍らし気に眺め」ていた。

南原繁《なんばらしげる》総長は戦後初の入学生を前に、日本が戦争に敗れたことは「必ずしも不幸であるのではない」と呼びかけた。

国の将来は国民がこの運命的事件をいかに転回し、いかなる理想に向って突き進むかに在ると同じく、個人の未来もこれを転機として、いかなる新生を欲して起ち上るかに懸つてゐると思ふ。[*3]

こう述べた後、南原はそれぞれ「軍関係学校出身者」と「専門学校出身の諸君」という、それまでの東大にはほとんどいなかった学生たちに「心より歓《よろこ》び迎ふる」ことを伝えた。その後、今度は一九名の女性の学生にこう語りかけた。

また今回特に女子の入学生を迎へたことは喜びに堪へない。これは本年我が国に初めて実現せられた婦人参政権と共に、画期的事件といはなければならぬ。約二十名の少数とは雖《いえど》も、諸子がよく日本女性の美徳を失はず、しかも男子学生に立ち交つて、いかに大学教育を修得するかは、日本女子教育の将来を卜《ぼく》せしむるものとして、人々の期待するところであらう。*4

南原は東大の共学化を「画期的事件」と呼び、大学も戦後の世界で新たな時代を迎えたことを宣言したのだった。

とはいえ、同じ大学に入学した女性を、大学新聞が「華かなただしあまり美しくはない」と平気で描写してしまうことが許容される時代である。東京大学女子卒業生の会「さつき会」が編集した『東大卒の女性　ライフ・リポート』(三省堂、一九八九年)によると、「門戸が開かれたとはいえ、初期の女子学生たちにとってキャンパス・ライフはなまやさしい」ものではなかった。

入学式の翌月に山上会議所(現在の山上会館)で行われた「女子学生懇談会」では「衛生施設の完備(便所の区別、掃除等)女子控室設置等が要望された」ことからもわかるように、女性を迎える環境整備はまったくなされていなかった。とりわけ「教室内における喫煙、着帽等の公衆道徳が余りにも無視されてゐる点が強く指摘」された。さらに「学生同志《ママ》が余りにも他人行儀であるのは輝けるこの東大の伝統かとの辛辣な声もあった」。[*5]

当事者の声

当事者の声を具体的に見てみよう。一九四七年に東大に入学し、その後、労働省の官僚を経て、参議院議員、衆議院議員、官房長官、文部大臣などを歴任した森山真弓は、法学部法律学科で「六〇〇人のなかに女二人であった」という。映画を観《み》て翌日大学へ行くと「映画館で誰にも会わなかったつもりなのに（中略）必ず誰かに『昨日映画見に行ってたね』と言われる。女があまり少ないから何をしても目立つのだとつくづくいやになり、女が大学へ行っても珍しくない時代に早くなってほしいと思ったものだ」と回顧している。[*6]

圧倒的な少数派として、女性はまず見られることに慣れなければならなかった。一九四九年に入学し、後に女性初の最高裁判事となった高橋久子は「本当に私たちは身の置き所がなかった。入学式の日に、アーケードのあたりに、それこそ復員服を着た男子学生が大勢いて。いちばん困ったのは、食事をどこでするか。地下の学食に行くと、男の人の熱気がわあっときて、心臓が弱いものですからね（笑）、もう、食べるどころじゃないんですよ。大きなやかんが置いてあって、ものすごい男の人の世界なんですよねʼ」と語っている。[*7]

同じく四九年に入学した川原千寿子は「本郷の研究室のドアを開けたとたん、目に映ったのはまっ黒なかたまり。つめ衿《えり》の男子学生たちが一斉にふりむいたときは、一瞬、たじろぎましたね」と述べる。*8

キャンパス環境は女性のニーズにまったく配慮がされておらず、先述したように、とりわけトイレの不足に悩まされたという思い出は多い。一九四六年に入学した舟橋徹子はどうすることもできなくなると男性用トイレに駆け込んだが、毎日のことなのでとにかく苦痛だった。同じく四六年に入学した大東《おおつか》百合子が当時の文学部長にこの状況を改善するよう嘆願すると「このような問題が出てくるから、女子を入れることについてはいろいろ賛成でない話もあったんだ」と取り合ってくれなかった。それでも女性の学生が団結して大学に直接申し入れることで、翌年以降、ようやく女性専用トイレが設置されたが、トイレの不足は長いあいだキャンパスの女性を悩ませた。*9 女性の入学が許されて三〇年近く経た一九七四年に入学した栗崎由子《よしこ》も「お手洗いがないし」、大学には「何となく身のおきどころがない」と感じたという。*10

卒業生の女性の回顧を読む限り、敗戦後、アメリカの圧力のもとで突如として女性の入学を認めた東大には、男性中心の学習環境を変える意思も余裕もなかったようである。入学試験に合格すればキャンパスで学ぶことは一応許されたものの、大学が彼女たちのために積極的な施策を取ることはあまりなかった。いくら南原が「女子の入学生を迎へたことは喜びに堪へない」と誇っても、実態は何も伴っていなかった。

そもそも戦後の混乱期で、学生の多くは食糧不足に悩み、学業の継続ができなくなる学生が続出していた。「『喰《く》はずに』は学問を続けられない」と「食糧休暇要望の声」すら強くなっていたほど、困難な状況にある学生が多かった。[11]男尊女卑が染みついた文化のなかで、それほどの混乱状況だったから、初めて東大に入学した一九名の女性学生に特別な配慮などあるはずはなかった。

さらに多くの女性を悩ませたのは卒業後の就職難であった。せっかく東大で学んだものの、女性は就職活動で著しい差別を体験することになった。

高橋久子は一九五三年に卒業して労働省に入省したが、それ以外は「どこの職場も女性はノーサンキューという感じ」で、「民間の会社なんていうのは全く門戸を開いていない時代」だったという。ようやく入った労働省でも、研修が終わって「いちばん最初に私が役人としてやった仕事は何とくずかごのくずを捨てる仕事」で、男性には割り当てられないものだった。二〇人を超える職員のお茶を淹《い》れ、茶わんを洗うことも女性の仕事だった。

結局、東大を出て入省しても「男性とは違う。さりとて、役所のなかでそれまで働いてきた女性とも全く異質の存在で、仕事は男性並みにどんどん与えられるけど、女性としてのそういう仕事もやらされるという状況」だった。[*12]

やはり一九五三年に経済学部生として就職活動を始めた影山裕子《ひろこ》が官庁訪問をすると、大蔵省では「ここの上級職は、税務署長に出て、税金の取り立てもする。女性にそんな仕事は向きません」、厚生省に行けば「掃除婦などの職種には女性はとるが、それ以外は……」、そして文部省の男性担当官には「東大の男女共学を始めたのは私の代だが、まさか上級職を女性が志望するとは」と言われたという。[*13]

東大の女性にとっては、「男子学生が就職戦線のサラブレッドとして扱われたが故に、いっそう、東大の少数派・女子学生の立場はみじめ」だった。しかもこれは共学になって間もない一九五〇年代のみならず、六〇年代、七〇年代、八〇年代まで続いたと卒業生の女性たちは繰り返し指摘している。一九六二年に卒業した川上恭子は「男子学生には求人がワンサとくるのに、そしてほとんどが七、八月中に内定してしまうのに、女子学生で十月以前に決まることなんて」なく、公務員試験では女性は「筆記試験では成績がよければ合格だが（中略）、そのあとの各省の面接でしめ出され」てしまうといい、一九七一年に卒業した上安平洌子《かみやすひらきよこ》の場合も、男性には「求人のダイレクトメールが山のように」来るのに、自分には「名が〝洌子〟ではっきり女子と分るから」来なかったという。[*14]

名ばかりの共学

それでは、このような女性を教える立場にあった東大の男性教員は女性学生をどう思っていたのだろうか。

戦後の占領下において、表立って共学化に反対する声は学内からあがらなかったようである。むしろ、すでに見たように、戦後初の総長だった南原繁は女性が東大に入ることには好意的であった。入学式での言葉に加え、女性の一期生にはその後、「何か困っていることがあれば、いってきなさい」と気にかけていた。[*15]

また、法学部教授でアメリカ政治を専門とし、アメリカからの教育使節団に応対した高木八尺《やさか》は、男女が本質的に平等であるとする「リベラルな高等教育」に賛成していた。アメリカの団員に対して、自分の娘を育てた体験をもとに、「日本の将来は性別による差別ではなく、知識（インテリゼント）によってその身分が決められるべきである」と主張していた。[*16]

男性と同様に優秀なのであれば、女性が入学することは構わないというのが東大の基本姿勢であり、共学化をめぐっては教員間でとくに激しい議論はなかったようである。むろん、それは占領軍の方針だったから、表立っての反対も難しかった。

戦後すぐの一九四六年に東大に入学した藤田晴子は、在学中に法学部教授の田中二郎に高く評価され、助手として採用された（とはいえ、そのまま教員として採用されることにはならなかった）。同じくその年に入学した舟橋徹子は経済学部教授の大内兵衛《ひょうえ》に気に入られ、「私設秘書」としても働いた。もちろん、男性の学生は「私設秘書」などにはならなかったから、舟橋に対する大内の評価は彼女のジェンダーと不可分なものであった。それでも、舟橋を信頼できる、極めて優秀な学生とも見ていたようだ[*17]。

このように個々の教員が女性学生を評価する例はあったものの、戦後すぐに女性学生の存在が、東大教員の強い関心を引くことは総じてなかったようである。共学になったとはいえ、東大は圧倒的に男の大学であった。

一九四六年の工学部入学の女性がゼロだったことからも明らかなように、とくに理工系学部では、女性の存在感はほとんどなかった。東大全体で女性の入学者が一〇〇名を超えたのは戦後二〇年近くを経た一九六四年である。共学とは名ばかりで、教授も全員男性だから、どこを見ても男しかいないようなキャンパスだった。女性の存在は、さして話題にもならなかった。

東大教員の東大女性論

そのようななかでも、女性の大学生について積極的に論じていたのは教養学部の教員であった中屋《なかや》健一である。東大文学部を卒業し、戦前から戦中にかけてはジャーナリストとして活動し、戦後は長らく教養学部でアメリカ史の教員として活躍した中屋は、日本の大学や社会に関しても多くの論考を残した。一九五八年に出版された『大学と大学生　入学から就職まで』（ダヴィッド社）では、東大をはじめとする日本の大学と大学生の現状を批評していた。もともと新聞などに発表されたエッセイを集めたもので、学術書ではないが、それだけに当時の社会状況に関する中屋の時事的な本音が率直に記されている。

その頃、中屋は東大の助教授であったが、知り合いに頼まれて、ある私立女子大の臨時講師としてもアメリカ史を教えていた。その経験をもとに、女子大を厳しく批判するようになる。同書によれば日本の女子大は「花嫁学校」に過ぎない。施設はきれいでも、図書館は貧弱で、教員の「学門《ママ》的水準は普通の大学と比べてはるかに低い」。学生を「甘やかし」、でたらめな教育をしている。学生の側も概して目的意識が希薄で、真面目に勉強をしようとしない。「卒業論文なるものは、少数の例外を除いて、論文ではなく作文にすぎず、中にはお伽話《とぎばなし》みたいなものもある仕末《ママ》である*18」。

中屋にすれば、そのような学生が就職難に直面するのは当然のことだった。「女子学生は男女共学の大学を卒業したものでも、実力の点において男子に劣っているという一般的な事実」があるから就職先を見つけるのが難しいのは仕方がない。「いわんや、女子大学のように、女子だけ集めて甘やかして教育しているような学校の卒業生」は使いものになるはずがないと厳しく批判していた。

その一方、中屋は東大の女性は例外的に優秀であることを強調していた。「公務員、ジャーナリズム関係、教員、学者など」「男女の差別待遇は全くないはず」の分野で現に東大卒の女性は就職し、活躍していると誇っている。中屋によれば、「要するに、女子に適する職業さえ選べば、そしてその学生の実力が充分であれば、就職難などというものはあり得ない」のだった。

東大卒の女性は社会で活躍できているのだから、他大学の女性学生が就職に苦労しているとすれば、あくまで本人の資質の問題であり、社会構造に起因するものではないと中屋は考えていた。実際には先述したように東大の女性学生も就職にひどく苦労していたわけだが、そのような実情は把握していなかったようである。

しかし、中屋は東大の女性学生を高く評価しつつも、男性と同等であるとまではみなしていなかった。女性学生は「男と比べると一般的に教授のいったことや読んだ本に書いてあったことは、よく覚えて知っているが、自分の知らないことを調べたり、自分自身の考えを出すというような点では、どうしても劣っているように見受けられる」というのがその評価であった。「だから、例えば、試験問題にしても、きまりきった原論的なものであれば良い成績をとるが、応用的なものとなると必ずしもうまくゆかないのが普通である」。同じように「大体、女子学生というのは、教養課目《ママ》のような一般論を学んでいるときには、あまり頭を用いることもないので、成績はかえって男子よりも優秀だが、三、四年生になって、そろそろ専門の分野に入って来ると、男との差はひどくなり、卒業のときには大てい下位である」とも指摘していた。

教養学部の教員が教養科目のことを「あまり頭を用いることもない」というのもあんまりであるが、女性は言われたことはちゃんとやるが、自分で考えることは得意ではないと信じていた。

中屋は他の女子大の学生と区別をしながらも、東大の女性学生を他の男性学生と平等に見ていたわけではなかった。「東大の女子学生は一般に点取虫で成績をひどく気にするし、男に負けないようにということをいつも意識している。その結果、女性としてはギスギスした感じのドライな面がどうしても強く現われて来ることが多い」と批判している。女性は「あまり頭を用いない」とみなされる一方で、一生懸命に努力して、良い成績を取ると「点取虫」で「ギスギス」しているとされてしまうわけだから、中屋の基準からすれば、何をしても東大の女性学生は男性と同等の評価を得ることはできなかったのである。

結局、中屋にとっては男性の方が優れているのは明らかだった。「一から十まで口で言わなければ判らないというような点は、女性共通のこととみえて」、その点は他の大学の学生でも「東大生でもほとんど同じである」と断じていた。

日本を代表するアメリカ史研究者で、とりわけアメリカの民主主義と西部開拓史の関係などに詳しかった中屋は、戦後、東大教養学部アメリカ科の教員となり、米軍を中心とした占領下で始まった戦後の民主化教育の変容をまさに肌で感じる立場にあった。自分が東大文学部の学生だった時代と比べて「最近の学生諸君」は「いろいろな点ではるかに恵まれている」と感じていた彼は、その大きな理由は「学園生活に堅苦しさや形式的なことが次第に取りさられつつあるから」だとしていた。「殊に、戦前と比較にならないことは、女子学生がのびのびとして来たこと」であった。

その「のびのび」とした女性学生を見ていた中屋は「女子学生でも男子学生と同じように学問研究の意欲を持ち、同じような訓練を受ければ、大した実力の差はないようである」と述べることもあったが、それは女性がこれまで男性が作り上げてきた領域と基準のもとで活躍するという前提に基づいていた。「これからの新しい女性は、すべからく普通の大学に進んで、男性と同じ教育を受け、同じ程度の——決して同じ種類の、ではない——人間としての能力を持つべきである」と中屋は主張したが、「普通の大学」や「男性と同じ教育」そのものに、圧倒的に男性偏向の価値観が内在しているという意識はなかった。

東大の女性学生が「言われたことはちゃんとやるが、自分で考えることは得意ではない」という中屋の考えは、圧倒的に男性優位なキャンパスで学ぶ女性が自由な発想をしたり、主張したりする際の困難を理解しないものであった。男性が評価する社会においては、女性として「自分で考え」て主張することがどれほど難しいかを想像することもなかった。

逆に彼は女性の潜在的な才能を認めながらも、彼女たちは「『夫唱婦随』の旧態依然たるものを持って」いて、その「書く論文なるものは、おおむね、論ではなくて、単なる作文にすぎないのである。若いから記憶力はすぐれている。しかし、記憶力にだけ頼っていると、自分でものごとを判断する力は養われない」というたぐいの意見を東大の教員として新聞や雑誌上で繰り返していた。

「女子学生亡国論」

中屋の女子大批判はもともと一九五七年に「女子大学無用論」として雑誌『新潮』に発表されたものであったが、その後、このような女子大と女子大生に対する批判は「女子学生亡国論」として広く社会に知られるようになった。

先述したように、中屋自身は東大の女性学生をそれなりに評価し、女子大の学生もしっかりと教育をすれば十分に成長する力はあると認めており、女子大生が国を滅ぼすという主張をしたわけではない。しかし女子大の学生は目的意識が希薄で真面目に勉強もせずに「花嫁修業」にばかりいそしんでいるという彼の批判は、女性学生が急増する私大の文学部で教える男性教員による女性批判へと受け継がれていった。

早稲田大学文学部教授の暉峻《てるおか》康隆は、一九六二年に「女子学生世にはばかる」という論を『婦人公論』（三月号）誌上に発表し、彼が教える国文科をはじめ、文学部に女性が急増する現状を大きな社会問題として訴えた。

暉峻によれば、私大の文学部に来る女性は、結婚のための教養を身につけるためだけに来ている。そういう学生が増えると「学者ならびに社会人の養成を目的とする大学の機能にひびが入る恐れがある」。終戦直後に入学した女性は目的意識が明確で「男に負けるものかといった対抗意識」を持っていたが、近年の女性学生は「青春を謳歌《おうか》しながら教養を身につけ、四年の間にあわよくば将来の相手を物色しようと」しているに過ぎない。「そういう目的にかなった女子大学が沢山あるのだから、なるべくそちらへいってもらいたい」。彼女たちが早稲田大学文学部に来ることに暉峻は強い不満を覚えていた。

女性の増加に危機感を抱いていたのは早稲田の教員だけではなかった。慶應義塾大学文学部で国文学を担当していた池田弥三郎は暉峻のエッセイの翌月、同じく『婦人公論』誌上で「大学女禍論」を発表し、「大学における女族の進出」は「女禍」であると主張した。「文学部における男女学生の比率は、五分五分か、今年あたりは悪くすると、はかりが女子の方に傾いて、四分六ぐらいになるかも知れない」と池田は危惧していた。女性学生の親は寄付金を多く出さないから経営の足しにならないうえ、「男は狭く深く進む」が「女は一般的に広く浅い」ので「大学がその学問の将来を託する上において、女は原則的に悲観的期待しかよせられない」。おまけに、「四年間めんどうをみて世の中に送り出し」ても女性の「大多数が『結婚』をもって、一応その人生の終点」となってしまうから、ずっと社会に出て働く男と比べて、教育が無駄になってしまう。だから大学に女性が増えることは「禍」であると池田は主張していた。

早稲田や慶應とは対照的に、東大の女性学生数はこの当時もさして増えていなかった。入学者は毎年六〇名程度で、一九名だった一九四六年と比べれば三倍ほどになっていたが、それでも全体の五%にも満たなかった。暉峻や池田が憂えていた私大文学部の状況は東大のキャンパスには見られなかった。

それでもこのような論に同調する声が教員のあいだに見られた。たとえば教養学部でフランス語を担当していた田辺貞之助《ていのすけ》は、暉峻の女性学生批判に強く同意していた。田辺は暉峻の論が出た同じ月に、暉峻と慶應義塾大学文学部教授の奥野信太郎とともに、TBSラジオ「ただいま放談中」という番組に出演し、「大学は花嫁学校か」を論じていた。その様子が『早稲田公論』の創刊号（一九六二年六月）に活字化されている。

早稲田大学や慶應義塾大学の文学部に女性が急増していることに危機感を抱く暉峻が

「女の子は、自分たちの嫁入りのための教養にはまァ、文学部が適当である」と考えているると嘆くと、「教養」の意義と価値を重視するはずの教養学部の教授である田辺は「文学部に入る学生が、必ずしも文学的なものにあこがれているんじゃなく、趣味、教養ですね」と続けている。奥野がそのような学生たちは「ハンドバッグを選ぶようなつもりで、フランス文学をやりましょう。国文学をやりましょう……」となると述べると、田辺は「ハンドバッグ的な女子学生が、主になってしまった場合に、先生方が旧態依然として、文学青年的な感激をもって、しゃべっても、相手にぶつかってゆかない、という淋《さび》しさ。これが、重大問題なンです」と主張する。

さらに奥野が文学における性にまつわることを議論する際に「女子学生は、ある意味では、非常に邪魔になる」とぼやくと、田辺もこのように言う。

僕なンかも、講義の時に、フランス語を通じて、フランス文学の、あるいは、フランス文化の説明をしようという、野心を持っている。すると、若干、人情の機微にふれた話も——小噺《こばなし》とやらを通じても——してゆくわけです。まず、一巡見わたして、女の子がいる時と、いない時では、話のレベルというか、深さが、違うのですね。近眼だものだから、うっかり、隅っこにいる女の子に気がつかないで、しゃべってしまうと、あとで、コソコソッと出てゆかれたりなンかして——

その後、暉峻と奥野が女性学生は「できるクセに、やる気がない」、答案は「非常に律儀で、丹念」だが「独創性がない」と中屋の批判を彷彿《ほうふつ》させる意見を出すと、田辺は「結局、女の独創というやつは、そういう方面に出るのじゃなくて、例えば、歌うたいとか、バーの女給とか、そういう肉体的―といっちゃ悪いかもしれないけれど―」な方面で発揮されるものだと述べ、女性には大学で学ぶにふさわしい知性がないと結論づけていた。

鼎談《ていだん》の後半では女性はそもそも結婚相手を探す目的で大学に来ているから、大学が「花嫁学校」になりかねないことへの危惧が語られる。田辺は女性の入学は「優秀な学生」の「排除」につながると指摘する。「男の学生だったら、学校でおそわったことを利用して、社会にプラスになる」が、女性は結局、家庭に入るからだ。国立大学には税金が投入されているから「国家が金をかけている場合に、家庭には還元するけれども、社会に還元しない分子が出てくる」と批判している。女性は社会貢献をしないから、税金で成り立つ国立大学には来るべきではないというのだ。

「家庭に入る」ことが社会への還元につながらないという考えも乱暴だが、そもそも当時の東大の女性の多くは就職差別などを通して彼女たちを家庭に押し込めようとする社会の力になんとかして抗《あらが》おうと努力していたわけだから、田辺の指摘は的外れであった。

三教授とも言いたい放題の鼎談であったが、男性教授の特権を持つ自らの言葉そのものが、既存の激しい差別を強化することで、女性学生を一層苦しめることになるという意識はまったくなかったようである。

「最高級の花嫁学校」

当時、日本のような男性中心社会の大学において、田辺や中屋のような考えは決して例外的ではなく、むしろあたりまえのものとされていた。これらの発言が問題視されたという記録はないし、同調する声はキャンパスの教員以外の男性たちからも聞かれた。たとえば文学部の事務官だった尾崎盛光《もりてる》は、大学が花嫁学校であることはやむを得ないとし、むしろ東大は最高級の花嫁学校となるべきだと主張していた。

尾崎はもともと東大文学部卒で、文学部教員の日高六郎の紹介で四〇歳近くになって文学部に就職した異色の事務官だった。文学部事務長を長く務め、その間、東大生の就職や学生気質などについて多くの著作を残した「東大生論の権威」でもあった。
その尾崎によれば、東大の女性学生をはじめ、男女共学になった大学の女性学生は「新制度の連れ子」に過ぎなかった。つまり、戦後一〇年を過ぎても、東大は「建物、設備も、教科内容も、先生の心がまえも、ほとんどすべて男性専用の大学であった当時のままといっても云いすぎではない」状態が続いており、女性たちがこの「男性専用」の大学と社会の中核で活躍する余地はないのだった。[*19]
そこで尾崎は一九五八年に『婦人公論』（一二月号）誌上で「東大花嫁学校論」を発表し、「男女共学の大学は、よろしく高等花嫁学校としたらいかがか」と述べ、なかでも東大は「本邦最高の花嫁学校であってもいいのではないでしょうか」と提案した。
尾崎は、東大のような教育機関では「今までの花嫁学校では養成できなかった大型ホステス、社会的な発言と活動のできる主婦が男女共学の大学によって育てられる」はずだ、と言う。たとえば東大卒の男性は将来、大使や公使として「国連で活躍」するから、東大卒の女性は「ホステスとしてのかたわらユネスコの嘱託となる、などというのもごく自然なイメージ」であるとし、あるいは研究者と結婚して夫の研究を手伝うとか、「翻訳をしながら配偶者を助け」るのも良いだろう、とも書いている。東大生の男性の六割が「大学卒」を妻にしたいと考えながらも、女性が生涯職業に就くべきと思っているのは一割五分に過ぎないことを尾崎は指摘し、そうであれば東大は女性を男性と同じく教育するのではなく、むしろ将来「大型ホステス」となるための「最高の花嫁学校」とした方が良いと主張した。

尾崎は同じ主張を『東京大学新聞』にも投稿し、「百人位の女子定員を確保したらどうだろう」「将来の大使夫人、教授夫人のために『女子学生のためのラテン語コース』」を開講し、「文学部には女子専用の美容室と体操室ぐらい設けたらよろしい」と提案した。そして東大の「女子学生諸君」に対して、「『わたしは日本最高の花嫁学校にいる』という誇り」を持つよう促していた。*20

東大の男性学生の多くもこのような考えに同調していたようである。教養学部四年に在籍していた加藤諦三《たいぞう》は『毎日新聞』(一九六二年一二月一一日付)の特集「女子学生亡国論を考える」に投書し、そもそも女性は大学本来の目的に合わないと主張していた(加藤はその後、大学院に進学し、卒業後は早稲田大学で社会学者として教鞭《きょうべん》をとりながら、数多くの著作を世に出している)。

加藤は、大学は「真理を探求する研究」を行い、「社会的に有意義な人材を養成する教育」を行う場であるが、「そのような方面に女性の能力が向いていないということは、一般的にいえるのではなかろうか」と論じていた。また、この社会には女性に対する差別があるのは確かだが、それにもかかわらず活躍している女性もいる。「打ち破れない差別ではない」のだから、自分の能力不足を「タナにあげて社会を責めるなら〝女子大生とは気楽な稼業ときたもんだ〟といいたい」と批判した。

とはいえ、このような「気楽な」女性を大学から追い出す必要はない。そうではなく、女性たちには教養を高め、「家庭的能力」をみがくための「女子学部」を設けるべきだと加藤は提案する。もちろん「家庭的能力」のみならず「社会的能力の二つを持つ女性は、女子学部以外に、いまのとおり進めばいい」。しかし社会の差別を打ち破れない程度の女性は、共学の大学では女子学部に入ればいいという主張であった。

加藤の論は『毎日新聞』では男性による投書の「代表的な意見」として紹介されており、尾崎と同じく、大学を女性向けの花嫁学校と割り切る考えのものだった。このように、当時の大学は女性の学生の存在をある程度は許容しながらも、教職員から学生に至るまで、その能力を疑問視し、男性に都合の良い価値観から判断する意識が広く共有されていた。

女性が経験した東大

当時、そのような環境にいた女性たちは何を感じていたのだろう。

先述の高橋久子の同期で法学部から高橋と同じ労働省に入り、後に男女雇用機会均等法の成立に大きく寄与した赤松《あかまつ》良子《りょうこ》は、学生時代は男性学生にとって「八〇〇人中四人しかいない女の子なんて、ライバルではない」から、女性として損をしたことはほとんどなく逆に「得した事はいっぱい」で「ごっつぁんでした」と述べる。[*21] また一九五八年に文学部を卒業した藤田一枝は「五〇名近いクラスの中に女子学生はほんの数名」だったが「人生はバラ色であった」という。「恵まれた環境、偉そうな教授陣、優秀そうなクラスメイト達」に囲まれる日々だった。「昼休みのフォークダンスも男同志《ママ》の組み合わせが圧倒的に多かった。二重の輪がぐるぐる回って組み合わせは偶然できまる。ある日、輪が止まったとき、向かいにいた大江健三郎君が跳び上がって喜んだ。女子学生は特権階級であった」。藤田は東大で「分に過ぎた秀れた師友との出会い」に恵まれたと回顧している。[*22]

一方、一九六一年に教養学部を卒業した三浦安子は「女のくせに生意気だ」「どうせ女は伸びが止る」と言われて育ってきた。だから「私は女でも力の限界まで学び、特性を生かして働ける社会を創りたいと願って駒場へ来た」けれど、「哲学や法学の教授たちの口から同じ言葉を耳にして、男女平等の社会実現への道のりの遠さを痛感した」という。*[23]

一九六二年に入学し、六五年にプロの歌手デビューをした加藤登紀子《ときこ》も「女が東大なんか行くもんじゃない」と父親に言われて育った。実際、入学した直後の新入生オリエンテーションで「一番先輩が力説したのは、東大女子の中で結婚できた人は20パーセント。確率が高いのは卒業するまでに相手を捕まえたケース。だから、一刻も早く、同窓生の中から相手を捕まえなさい」ということだった。さらに加藤はこう振り返る。

教務の先生などはもっと深刻。東大女子は就職が難しい。まず商社などの女子社員は女子大生優先、教師か学者か公務員しか可能性はないと思え。

まったくもう、散々だわね。

しかも、クラスの男の子たちは、私たちを女子と思っていないらしく、女子大生との合同コンパに忙しい。

見渡してもドキドキするような男もいないし、なんだか冴えない毎日。

なんてとこへ来てしまったんだろう、と思っていた*[24]（後略）

反応は一様ではないものの、女性学生たちに共通していたのは、圧倒的少数の存在として学生生活をいかに過ごすかという課題だった。「新制度の連れ子」とまで尾崎に形容され、東大生でありながら、キャンパスにおける「他者」であり続けた彼女たちは、「女性であること」の意味を常に考えなければならなかった。

入学から卒業まで、教員はすべて男性だった。授業でも女性はひとり、ふたりという状況が普通だった。そしてその教員と学生の多くが、女性よりも男性の方が優秀だと決め込んでいたし、社会のリーダーとなるのは男性であると信じて疑っていなかった。

初の女性教員——中根千枝

戦後の東大にいつ女性教員が誕生したかを調べるのは容易ではない。記録がないはずはないのだが、東大は教員を「女性だから」という理由で採用したわけではないので、誰が最初だったかはあえて明らかにはしていない。

東大初の女性教員は社会人類学者の中根千枝だと思われる。東大が女性の入学を認めるようになって二年目の一九四七年に入学した中根は、一九五〇年に文学部の東洋史学科を卒業し、大学院に進学した後、一九五二年に東洋文化研究所の助手となった。その後、インドやヨーロッパへの留学を経て、一九五八年に講師となり、今度はアメリカとイギリスで研究を続け、一九六二年に助教授に昇格した。一九七〇年に教授となり、一九八〇年には東洋文化研究所長となった。所長就任を報じる一九八〇年二月二三日付の『毎日新聞』（夕刊）が、中根は「女性第一号コースを歩み続け、そのたびに話題になった」と記しているように、東大で就く職位のすべてが「女性初」であったとされている。しかし上に述べたように、それは東大の公式記録ではない。二〇二一年に中根が逝去した直後、ダイバーシティ担当理事の林香里が調べても確認できなかったという。[*25]

実は中根も「女性として」認められることには無関心であるのみならず、極めて批判的ですらあった。マスコミなどでは婦人問題や女性解放論には興味がないと明言していた。[*26]東大を退官して間もない一九八九年には、あるアメリカの学術誌の対談で、自分が東大に入学した時は六〇〇〇人中一八人しか女性がいなかったが、それは「まったく問題ないことだった」と、同期の森山真弓などとはずいぶんと異なる答えをしている。[*27]

女性であるから女性の研究をした方が良いと勧められたかという問いには「そのような提案もありましたが、私はまともな意見として受け止めませんでした。そういう視点には全く興味がありませんでした。私は科学を追究する上で、女性であることの有利、不利を考えるようなことはしません」と述べている。一九八〇年代に入ると、アメリカの人類学界ではそれまでの研究が男性中心の社会ばかりを提示し、女性の視点が欠如していたと批判されるようになっていたが、それについてもはっきりと「私はそのような研究には反対です」と主張していた。女性は社会の一部なのだから、ことさらに女性の視点を取り上げるのではなく、「社会の中核にある主要な制度」を大局的に考えるべきだというのである。

中根にとって、日本社会の「主要な制度」は「タテ社会」だった。「日本の村を調査したときに見た寄り合いでのやりとりと、東京大学で見た教授会のやりとりが同じだった」[*28]ことからタテ社会論の着想を得た中根は、戦後日本論の傑作とされる『タテ社会の人間関係　単一社会の理論』（講談社現代新書）を一九六七年に発表した。これはその後「日本社会（*Japanese Society*）」として多数の言語に翻訳され、海外における日本社会論に今日まで深い影響を与えてきた。このタテ社会において、中根は男女の区別は重要ではないと考えていた。日本の「タテ社会」の構造にいったん組み込まれてしまえば、女性であることはその社会の内部では障壁にはならないのである。社会で重要なのは階層や秩序であり、性差はさほど重要ではない。

晩年のインタビューで中根はこのようにも語っていた。

タテのシステムに入るのに壁があるのは事実です。これまで多くの人が苦労もしてきました。ただ、階層のはっきりある社会とくらべてみると、1度なかに入ってしまえば、上に行けないわけではないし、皆も同等な取り扱いをするのです。私の経験でいえば、アメリカでは、最後まで女性という性がついてまわります。

しかし、日本では、男女の違いよりも先輩・後輩の序列のほうが重要で、性別はそれほど重要ではありません。かつてのエレベーターガールのように女性だけの職場においてもタテはありますし、男性と女性が混在していてもタテなのは変わらないのです。[*29]

中根は「タテ社会」の日本も東大も、アメリカ社会より「ずっとフェア」であり、「地位を築いてしまえば差別はない」とすら主張していた。自らのキャリアを振り返り、「周りの先生たち」のみならず「学生にも女性に対する偏見がないようにも思いました」とも述べている。

実際、東大を卒業した中根はそのまま東大という「タテ社会」のなかに入り、他の教員と「同等な取り扱い」を受けて教授まで昇進を続けることができた。タテ社会のメンバーになってしまえば男女は平等になれるのだと彼女は信じていたし、ことさらに女性としてのアイデンティティを押し出すことに意味を感じていなかった。

果たして他の東大の女性教員が中根と同じように感じていたかどうかは、記録がほとんどないため確認できない。しかし当時のキャンパス環境で成功するには、中根のように女性というアイデンティティを捨象し、東大のタテ社会に入る以外の選択肢を想像するのは困難だったのではないだろうか。中根が助教授、教授に昇格したのはまだ田辺（一九六三年退官）、中屋（一九七一年退官）、尾崎（一九七七年退官）らが現役で活躍していた時代である。そういう環境において大学と研究界の序列を昇っていくには、他者として女性である立場を主張するより、他の男性教員と自分が等しくタテ社会の構成員であるという意識を抱き、そのルールに従う方が軋轢《あつれき》も少ないし、はるかに効率的でもある。

しかしそのタテ社会とは、いみじくも尾崎盛光が述べたように「建物、設備も、教科内容も、先生の心がまえも、ほとんどすべて男性専用の大学であった」戦前の系譜をそのまま受け継いだ男の社会であった。東大のタテ社会の「中核にある主要な制度」は男性の価値観に深く根差したものであった。

女性と学生運動

この当時、自らの女性としてのアイデンティティについて、とりわけ強い声をあげていたのは学生運動に関わった女性たちだった。彼女たちが残した手記には、中屋、田辺、尾崎らが世に提示した「考えることをしない」「お気楽な」女性イメージとはまったくかけ離れた姿がある。また中根のように女性であることの有利、不利を考えずに日々を過ごせたわけでもなかったことがわかる。

お茶の水女子大学を経て一九六六年に東大新聞研究所の研究生となった所美都子《ところみつこ》は二九歳で病のため夭折《ようせつ》するまで、両大学の学生運動に深くコミットし、原水爆禁止運動や反ベトナム戦争運動に参加していた。その活動を理論化するために、生前、論文に加え、膨大な日記、メモ、ノートなどを残していた。それをまとめた遺稿集『わが愛と叛逆《はんぎゃく》』（前衛社、一九六九年）には「女子大生亡国論」に関する未完のメモがある。

女性学生のレベルが低いと糾弾する声に対し、そもそもこの社会は学問を志す女子高生を評価しないと反論する。「女子向きの教育の中で十七歳のインテリは、インテリであることを拒否されて、その大半が辞を低くし、志を捨てざるをえない。男子には予想も出来ないことである」。優秀である女性は「男子の場合とは異なって、賞讃される存在ではない」。日本ではそのような女性学生の才能を「のばそうという教育者の努力」は見られず、「それを警戒する教師と同年の男女子の痴視が目立つ」ばかりだ。女子大の教育が「お粗末」なのは女性の問題ではなく、女性の才能を見出《みいだ》し、伸ばすことを拒否し、いたずらに亡国などと唱える男性社会であると所は見抜いていた。

このメモの後半部分では女子大であるお茶の水女子大学から東大の研究生となった所が、共学の大学に通う女性が直面する状況を強く批判している。東大のような環境では「いわゆる〝長〟と名のつくものに女子が選ばれることはきわめて少ない。とくに多勢を指導する役目には。これは女性に指導能力なしとするよりも、女性の指導下で事を運ぶをこころよしとせぬ男性と、その男性にこびねばならぬ女性の悲しい存在をあらわすにすぎない」のである。女子大が悪くて、共学が良いわけでは決してない。むしろ、所は男性教授が批判する女子大を擁護しようとする。「前後を見わたしても女ばかり」の女子大では「自治会委員長」から「文化祭企画委員長」まですべて女性が就く。女子大は女性の主体を活《い》かす環境にもなり得るのだ。

所はお茶の水女子大学の出身だったから、学部生として東大とその学生運動を経験したわけではなかった。おそらくこの当時のもっとも有名な東大の女性の学部学生は、一九六〇年六月一五日の日米安保条約改定に反対する学生と警官隊との衝突で命を落とした樺《かんば》美智子であろう。彼女の死は全国に報道され、その葬儀が全国的に注目されるほど、日本社会に衝撃をもたらした。

高校時代から学生運動に関心を抱いていた加藤登紀子は樺が命を落とした日のデモにも高校生として参加しており、その死に大きなショックを受け、「樺美智子さんの後を継ぐんだ」という意気込みで東大を目指すようになったという。[*30] 六〇年代の学生運動に関わった女性の意識には、多かれ少なかれ、正義と平和のために在学中に命を落とした樺のイメージが強く残存していた。

樺は東大入学以前から社会問題に深い関心を抱く学生だった。一九五七年に入学後は自治委員となり、歴史研究会で社会科学関連の書を熱心に論ずるかたわら、原水爆禁止運動などにも関わった。高校時代は女性問題に強い関心を寄せていた樺だが、その伝記を著した江刺昭子によると、大学入学後には女性問題にはそれほど関心を示した形跡はないという。それでも歴史研究会の合宿について「女子が一人なのでとても疲れます」などと友人への手紙でこぼすこともあった。[*31]

ゲバ棒とおにぎり

一九六五年に入学した大原紀美子は、理学部地球物理学科を卒業した六九年に在学時代の「東大闘争」を振り返る『時計台は高かった　東大闘争からの出発』（三一書房）を発表した。学生運動に熱心に身を投じ、時には教官や周囲の学生を激しく批判しながらも、理学部での授業も至極真面目に受講する大原が、キャンパスでの活動の日々に加え、自らの生き様について考える心中を記したものである。女性やジェンダーをめぐる問題は大きな焦点とはなっていないものの、時折、男性中心の大学でも、学生運動でも、常に圧倒的少数の存在として闘争に関わる難しさに触れていた。

一九六八年一一月、東大での闘争が激化するなか、大原は自宅に戻らずに本郷キャンパスで夜を過ごすことにした。学生たちが「解放講堂」と名付けた安田講堂には全国から仲間が集まり、翌日の方針を討論していた。やがて男性学生たちが「疲れて横になって固い床の上で寒い夜を明かすかたわらで」、大原は他の「女子大生二人と徹夜でごはんを炊き、おにぎりを握り続け」ていた。[*32]

もともと、大原は「女の子だから炊事をやれ、ということをわたしは絶対認めない」つもりだった。仲間の男性学生についても「婦人解放を説くはずのマルクス主義者がどうして今の見せかけの男女平等で婦人解放は終わったかのように女性の地位について一片の考慮を払うことなく、女性が家事を担当するのを当然のこととするのか？　既存の思考方法全てを拒否しようとする全共闘の学生たちがどうして、家事は女性のものという最も通俗的で歴史的にも根の深い既成概念を疑いもせずに受け入れているのだ？」という強い不満を抱いていた。「昔、狩りから帰る男らを女らは炉に火をたいてこうして待ったのではあるまいか」と「原始時代のイメージ」を頭に浮かべ、「その時から今まで、どこがどれだけ変わったろう、そう思うとおにぎりを握ることがとてもわびしい気がしたのだった」。

それでも大原はここでは、女性だからという理由で食事の準備を押しつけるようなことは許さないとする自分の主義を貫こうとはしなかった。逆にこのおにぎり作りは「わたしの原則とは別なのだ、ただ便宜上こうしているだけなのだ」と言い聞かせた。「どうしてわたしがごはんの用意しなくちゃならないのよ」と男たちに言えば、決まって「じゃ、ゲバ棒持つか？」と切り返されるのがおちだからだった。炊事と武器という二者択一を迫られれば「男の子と太刀打ちできる頑丈なからだを持たない」大原には、武器を持って男性とともに戦う選択肢はなかった。

『時計台は高かった』で大原は東大闘争に十分にコミットできなかった自分を幾度も責めている。彼女は熱心に学生運動に参加し、マルクス・レーニン思想を学びながらも、教室の外では何事も起こっていないかのごとく続けられる理学部の授業をボイコットまではしなかった。闘争の最前線に出て逮捕されることもなかった。いつも活動が最優先というわけではなく、集会がある日に友人の結婚式があれば、後者を選ぶこともあった。

一九六九年一月に機動隊が安田講堂に突入した時も、大原は体調を崩して現場にいなかった。テレビでその様子を見ていた彼女は「彼らの闘いと人生とはわたしから遠く離れていた」と感じざるを得なかった。そういう「弱いわたし」の心中を赤裸々に告白したこの本のことを、大原は「日和った自分の正当化だ、自己満足だ、と言われればそうかもしれないと思います」と認めている。

しかしこの本には「大学の四年間男性ばかりの中にただひとりおかれていた」二三歳の女性が、正義を求めて学生運動に身を投じながらも、深い疎外感を覚えて苦悩する姿が鋭く描かれている。大原はともに活動する男性の学生たちが、極めて家父長的な感覚をあたりまえとする家庭で育っていることに気づいていた。彼らの母親たちは「息子たちの食事を作る。シャツを洗う。起こしてくれという時刻に起こしてやる」。そしてその息子たちは「いく晩も家に電話もかけないで泊まり込み、ある日の昼下がり突然思い出したようにわが家に現われて、下着を着替え、汚れた衣類を、洗っておいて、などと放りっぱなしにして来るだろう」。

そういう息子たちと、それを許す母親たちに強い違和感を覚えながらも、大原自身もどこかで「女らしさを振り捨てようとして振り捨て切れない何かの存在を、わたしは素直に認めねばならないのだろうか」と安田講堂内で「同志」たちのために料理と掃除をしながら考えていた。正義と民主主義を求めるはずの学生運動が、徹頭徹尾男性の価値観にまみれているのみならず、それに対して十分な批判や抵抗もできない孤独と苦しみが綴られている。

「MAN＝普遍的人間」

安田講堂で大原が泊まり込みをする数ヶ月前に東大に入学した加藤みつ子は、入学直後から全共闘の活動に積極的に参加していた。一二月になると駒場キャンパスの「第八本館」に仲間とともに入り、大学当局と対峙《たいじ》した。一月になり、建物が封鎖状態になると、そこは「八本コンミューン」と呼ばれるようになった。大原が本郷キャンパスでおにぎりを作っていたのと同様、加藤も駒場キャンパスで炊事係として男性学生の食事の担当となった。

「女子は炊事係」という役割分担に抵抗がなかったわけではない。しかし「時々石を投げて黄ヘルメットを追い払ったり、ヤジ合戦に呼応する他はすることもない見張り番より」炊事の方がはるかに楽しく、誇れる労働であるとも感じていた。一年生であった加藤は、四年生の大原ほど矛盾に苦しむことはなく、「私の十九年半の生のどの時期よりも、楽しくて愉快で自由」な時間を「八本コンミューン」で過ごしていた。[*33]

その一方で、このような経験が繰り返されることで、加藤は「東大闘争」と女性である自分のあいだに「何か食い違うものがある」という感覚も抑えられなくなっていった。そのことを彼女は以下のように記している。

東大闘争の中で問われているのは、単に政治的立場や政治的思想なのではなく、もっと全的な人間のあり方であるはずだ。としたら、一体私はどうして食い違いを感じ、何が私の中で掘り起こされずにくすぶっているのか。いつも身近にいるクラス闘争委の中で、何となく疎外感を覚えるのはなぜか。おそらく、そのカギは私が女であることにある。

女に生まれ女に育ってきたことを抜いて、私にとっての闘いは語れないことはわかっているつもりだし、女であることを切り捨てて、東大闘争にかかわっているのではないつもりだった。

けれど私は闘争の中で「女であること」を闘えなかった、問題意識にのせることとすらしなかった。いやむしろそうした問題意識をもつことを、心の隅で蔑視していたのかもしれない。そのことは私自身のだらしのなさであると同時に、東大闘争そのものの性格によるところも大きいに違いない。「東大闘争は実に男的な闘争なんだなあ」と思った。それは東大闘争を担う人間に圧倒的に男性が多いという事情から来るよりも、基底となっている発想そのものにかかわっている。

「ＭＡＮ＝普遍的人間」の発想が、東大闘争においても少しも克服されていないのだ、克服しようと考えることすらもしないほどに。そして私自身もこの発想から免れていない。だから私は——無意識の内に——より「ＭＡＮ」に近づこう、「ＭＡＮ」のように闘争にかかわろうと努力してきたのだった。

（傍点は原文ママ）

それはやはり誤りに違いないのだ。[*34]

この加藤の文章が刊行されたのは一九七〇年一月で、それは彼女が「八本」で充実した時間を過ごしてから一年も経っていなかった（ちなみに一九七〇年は中根千枝が教授に昇進した年でもある）。夢と希望を抱いて駒場キャンパスで全共闘に参加し、人生で一番「楽しくて愉快で自由」だと思い込んでいた彼女が、「反体制」であるはずの東大闘争の内部に「MAN＝普遍的人間」という「片寄った普遍」が持ち込まれていることに気づくのにそれほど時間はかからなかったのである。

「余りにも長い間、男性が歴史を支配してきたために」「我々の想定する普遍が男性の側に片寄っているということを、誰も意識しなくなっている」のみならず、そのことを「明確に指摘するコトバすら存在していない」と加藤は批判するようになった。そして、この闘争において、自分は「女」であることに「固執したい」と考えるようになったのだった。[*35]

加藤のような違和感と怒りは決して例外的なものではなかった。その頃、同じく駒場の学生であった「東C教育秩序解体集団」と名乗る東大「SI二一有志」（理科一類二一組）の女性たちは、「〈女性解放〉とは何をどうすることなのか」という匿名の話し合いの場で、

「私達女性は抑圧されている」と主張していた。「世の中は生活様式から言語に至るまですべて〈男性〉の支配下にあり、私達は自分自身のことさえ、男性の感覚、言葉で考えさせられている」のであり、そのような生活を「陰惨で無惨だ」と批判していた。[*36]

所、樺、大原、加藤らはそれぞれ年齢や専攻も違うし、学生運動への関わり方や政治思想も一様ではなかった。女性の権利についての考え方やその問題の原因の解釈や解決についても同じ意見であったわけではない。とはいえ男性の価値観に染まる学生運動と大学、そして社会全体への深い違和感は共通していた。

すでに見たように、教養学部の教員である中屋健一は東大の女性学生が書く文章を、「おおむね、論ではなくて、単なる作文にすぎない」うえ、「記憶力だけに頼って」いるから「自分で物事を判断する力」はないと断じていた。しかしこれらの東大の女性学生たちの書くものは明らかに「単なる作文」ではない。記憶のみならず、理論と実践を通して「自分で物事を判断」し、現状を強く批判する論である。

中屋はまた「一から十まで口で言わなければ判らないというような点は、女性共通のこととみえて」「東大生でもほとんど同じである」と言い放っていたが、その中屋の授業を同時代に履修したかもしれないこれらの学生は明らかに強い主体性を持ち、自らの思考で現状を理解し、言語化した女性たちであった。

田辺が言うところの「ハンドバッグ的な女子学生」や「独創性」に欠ける学生も当然ながら存在しただろう。「人情の機微」を理解しない感性の持ち主もいただろうし、尾崎のように、東大を「最高の花嫁学校」とみなし、「ホステスとしてのかたわらユネスコの嘱託」となるのでも構わないと思っていた学生が皆無だったわけでもないだろう。

けれども中屋、田辺、尾崎らの文章と同時期に記された東大の女性学生の文章には、そのようなイメージとはほど遠い、強烈に輝く個性と信念がある。社会の矛盾に対して強く怒り、深く悩み、解決を模索する真摯な思いがある。そしてそのような社会と東大の制度を前に、彼女たちは女性としてのアイデンティティを捨象して内側に入ろうとも決してしない。彼女たちの文章の底流には、「MAN＝普遍的人間」を前提とし、女性をはなから低く見るマスキュリンな社会的権威に対する拭いがたい不信感と憤りがあった。

男東大

一九六八年、東大闘争が激化するなか、駒場キャンパスで毎年一一月に開催される「駒場祭」は公式には中止となった。しかし学生が中心となり、独自の駒場祭が開催された。

この年の駒場祭のポスターは、従来の大学祭のものとは異なる、一風変わったデザインだった。東大に在学中で、後に小説家、評論家として活躍する橋本治《おさむ》の手によるこのポスターには、腹にサラシを巻き、刺青《いれずみ》いっぱいの背中を見せる若い男性が描かれていた。背中でひときわ目立つのは東大のシンボルである銀杏の葉だ。明らかにヤクザを模した、東大の徽章《きしょう》の刺青を背にした男性の横には「とめてくれるなおっかさん　背中のいちょうが泣いている　男東大どこへ行く」とあった。

このポスターは当時の人気俳優高倉健が主演する映画『昭和残俠伝《ざんきょうでん》』をもとにしたものだった。『昭和残俠伝』のポスターでは、主役の高倉健の背中に唐獅子《からじし》牡丹《ぼたん》の刺青があるが、ここでは東大の銀杏になっている。映画の主題歌「唐獅子牡丹」では高倉が「義理と人情を　秤《はかり》にかけりゃ／義理が重たい　男の世界」「つもり重ねた　不孝のかずを／なんと詫《わ》びよか　おふくろに／背中で泣いてる　唐獅子牡丹」と歌う。「背中のいちょうが泣いている」は、明らかにこのヤクザ映画にかけているものだった。

「とめてくれるなおっかさん」というコピーは、当時の流行語となったほど全国的に注目を浴びた。本郷と駒場キャンパスで学生が激しく闘争を繰り広げるさなかに開催された自主学園祭のこのポスターは、アウトローの東大の男性学生が母親の心配をよそに、どう展開するか先の読めない時代を生きる感覚を巧みに捉えたものだった。また、学生運動の闘士として戦う息子のことが気が気でなく、いつまで経っても子離れができず、「キャラメル・ママ」と呼ばれた母親たちを揶揄《やゆ》するものでもあった。

先に紹介した大原紀美子からすれば、この「男東大」に象徴される学生は「食事を作る。シャツを洗う。起こしてくれという時刻に起こしてやる」母親の存在をあたりまえとし、「いく晩も家に電話もかけないで泊まり込み、ある日の昼下がり突然思い出したようにわが家に現われて、下着を着替え、汚れた衣類を、洗っておいて、などと放りっぱなしにして来る」男性をまさに描いたものに見えたのではないだろうか。

大学と社会の民主化を激しく求める学生運動のさなかに行われる学園祭のポスターに、「男東大」が「おっかさん」に語りかけるイメージが描かれるのを、東大で闘争に参加していた女性がどう受け止めたかの記録は見当たらない。しかしこのポスターは、まさに加藤みつ子が指摘した「MAN＝普遍的人間」の発想が、「民主化」を求める東大の学生運動の活動家らにおいて少しも克服されていなかったことを視覚化していた。「おっかさん」を家で待たせながら、同志であるはずの女性の学生におにぎりを握らせる男たちの学生運動は、大学と社会における古典的な性別役割分業を当然のように受け入れるものだった。

男性中心の系譜

本章の冒頭でも記したように、終戦直後、東大は女性を受け入れることに強く反対をしたわけではなかった。敗戦国として占領軍の方針に表立って反対することはできなかったし、高木八尺のように「日本の将来は性別による差別ではなく、知識（インテリゼント）によってその身分が決められるべき」という考えの教員も少なからずいた。

しかし「知識」は決して中立的なものではない。中尾や田辺らの女性学生に対する評価からも明らかなように、教員としての「知識」を持ち、それをもとに学生を判断する立場にあった者の価値観は極めて男性的な偏ったものだった。東大に合格する「知識」を持った男性の学生たちも同様であったことは、数々の女性学生によるコメント、加藤諦三による『毎日新聞』への投稿、男性中心の学生運動の様子からも明らかである。

教育史家の小山静子は戦後の中等教育における男女共学を分析するにあたり、「男女の性別を意識しない『平等教育』とは、その実、男を基準とした教育であったといえるのではないだろうか」と批判している。共学とはあくまでそれまで機会を十分に与えられていなかった女子のためのものであり、男子には従来と異なることを提供する必要はないとされていた。そのような環境で共学を始めた女子生徒たちは「『差異』と『平等』に引き裂かれる」ことになった。それは「ある時には『女』であることを意識させられ、ある時には性を捨象した存在であることを求められる女子生徒の姿」であった。

つまり、中等教育における「共学教育、あるいは男女『平等教育』は、その発足当初において、ジェンダーとは無関係で中立的なものであるようにされながら、実は男子を主眼において構成された、男子生徒により親和性があるものだった」と小山は述べている。[*37]

この指摘はそのまま東大にもあてはまると言えよう。戦後の東大は共学化されたものの、それはあくまでそれまで機会を与えられていなかった女性の受験と入学を許したに過ぎなかった。共学化するにあたり、男性の学生のみを対象としてきた従来の教育を再考しようという姿勢は見られなかった。それまでの不平等を是正するために、女性の入学を積極的に促そうという考えもなかった。なぜ女性は排除されてきたか、それがどのようなジェンダー構造の社会を作り上げてきたかなどということが省みられることもまったくなかった。

実力主義神話

この傾向は学生運動が終わり、日本が空前のバブル景気に沸いた時代にも続いた。女性の東大卒業生で構成される「さつき会」の統計によると、女性の合格者比率が一〇％を初めて超えたのは一九八七年になってからである（二〇％に到達したのは二〇〇四年で、それ以降はほとんど変化していない）。
一九八七年に入学し、後にアメリカのジェンダー研究で著名になる吉原真里は、東大生になるとそれまで興味を抱いていたフェミニズムへの関心をしばらく失ってしまったという。

東大を受験するためには、やはりそれなりの努力をしなければいけなかった。一生懸命たくさんの科目を勉強して、難しい入試に受かって合格した。つまり、男子と同じ土俵で勝負して、次の土俵に上がることができた、そういう自負が意識的にも無意識的にも生まれて、メリトクラシー（実力主義神話）を信じてしまった部分があった。その神話を受け入れると、女性であることを云々《うんぬん》するのはかえって女性のためにならない、女性は与えられた土俵に入り込めるように能力を高めればよいのだ、という考えにつながっていく。*38

吉原が入学した年の3月、総長の森亘《わたる》は卒業生に対して、東大卒という肩書きだけですべてが手に入る時代ではもはやなく、むしろそれがマイナスにすらなることもあるので、「実力をもって」「世界のために活躍」するよう激励するメッセージを『学内広報』に寄せた。その際、東大卒という肩書きだけでは生きていけなくなったことを表現するのに、森は次のように述べた。

昔であれば、末は博士か大臣かといって押すな押すなと現れた花嫁候補も今日は無い。明治の頃は国全体が若き意気に燃え、欧米並みに学問を尊敬した日本の社会も、今や老いて金の亡者となり果てた結果博士の価値は著しく下落した。また大臣になる確率も何万分の一とあって、気の利いた、ナウイ（これが、私の知る最新の言葉である）お嬢さんは皆他に行ってしまう。東大出と聞いただけでイメージが合わないとして敬遠。かくして神様が東大出に割り当てて下さるのは、ほぼ東大と同様にダサイ某女子大学の卒業生程度である。*39

卒業生には当然ながら女性もいた（当時は約八％）。しかし総長である森の文では彼女たちの存在は想定されていない。卒業生に実力をつけるよう激励するにあたり、森は今の社会では東大卒といえども「花嫁候補」が簡単にいるわけではなく、「割り当て」られるとしても「ダサイ某女子大学の卒業生程度」だと言う。ユーモアを交えて慢心を諫《いさ》めようとしたのだとしても、それは男性学生のみを想定した、あまりに視野の狭い差別的な言葉であった。東大は二〇世紀後半になっても、トップによるこのような態度が平然と許される大学だった。

共学化して四〇年以上を経た後でも、東大は徹頭徹尾男性中心の組織だった。戦前戦中の男性を基軸とした教育システムは継続し、女性はそこに入ることは許されたものの、男性が作り上げてきた土俵で受験し、入学し、学び、能力を高め、男性と同じ力をつけて卒業することが「男女平等」であるとされていた。

むろん、研究者としては、戦後民主主義の重要性や、そこにおける教育の意義を唱える教員は存在した。けれども、東大のような高等教育機関がジェンダー間の差異化とその強化に加担してきたという意識のもと、大学の姿を改めて考え直そうという声は内部からはほとんど聞かれなかった。森総長の侮蔑的な表現は、学内でとくに問題にならなかったようである。そのような環境においては、吉原のようなフェミニズムに関心を持つ学生ですら、女性であることを主張するのは女性のためにはならない、むしろ男の組織と社会で成功するべきだという神話を受け入れてしまうのだった。

大学において女性はその存在は許されるものの、男性の組織において、「もともとはそこに存在するべきではない」異質な少数の他者として、つまり小山の言う差異と平等のあいだに引き裂かれながら、周縁化され続けたのであった。圧倒的多数を占める男性のなかで常に女性であることを意識させられながらも、その男たちが中核を占める社会で成功するためには女性としてのアイデンティティを捨象した存在にもならなければならなかった。

本章の事例はすべて前世紀のものである。しかし、その様子を振り返りながら、私たちは大原が学生運動のさなかに感じた疑問――「その時から今まで、どこがどれだけ変わったろう」を改めて深く問わねばならない。

第四章　アメリカ名門大学の共学化

アイビーリーグ校の共学化

東大の大学紛争がもっとも激しく展開された一九六八年から六九年は学生運動が世界的に起こった年でもあった。ヨーロッパ各地、そしてアメリカ合衆国でも激しい運動が各地のキャンパスで繰り広げられ、学生の多くはアメリカ政府が推し進めるベトナム戦争に反対していた。また公民権法などが成立した後にも、アフリカ系アメリカ人の社会状況はいっこうに改善されず、逆に運動の指導者マーチン・ルーサー・キング・ジュニアが殺害されてしまう。そのようなことに強い不満を抱く学生は、東大と同様にキャンパスの建物を占拠し、大学と社会に対してさまざまな主張と要求をしていた。

一九六八年から六九年にかけては、大学と女性という点でもアメリカでは重要な年であった。それまで、アメリカには極めてレベルの高い女子大が存在する一方、多くの有名大学が女性の入学を許可していなかった。とくにアイビーリーグと呼ばれる、アメリカを代表する八つの伝統校はコーネルを除いて男性のみの大学であった。

ハーバードとコロンビアは、それぞれラドクリフ・カレッジとバーナード・カレッジという、キャンパスに隣接した女子大と協定関係にあり、授業の多くは共学化されていたものの、公式的には男性しかいなかった。ペンシルバニアも女性用のカレッジを設けており、女性は原則としてそこ以外には入学できなかった。残りのイェール、プリンストン、ブラウン、ダートマスは女性の大学院生を認めたり、国内女子大からの短期留学を認めたりすることはあったものの、基本的には男性のみを教育する機関だった。

それまでのアメリカでは「エリート子弟」とは白人プロテスタント系の家庭出身の男性であることが基本であり、アフリカ系アメリカ人、ユダヤ系、アジア系、カトリック系などの学生がアイビーリーグ校に進学できる機会は限られていたし、女性も当然のごとく排除されていたのである。

ところが第二次世界大戦終了後、大学進学率が上昇するとともに、公民権運動やフェミニズム運動が興隆すると、人種的なマイノリティや女性にも高等教育の門戸を開くべきだという声が強くなった。アイビーリーグ校もユダヤ系やアフリカ系アメリカ人の男性学生を少しずつだが合格させるようになった。

一九六〇年代後半になると、アイビーリーグ校は女性の入学も許可する検討を始め、一九六九年についにイェールとプリンストンが女性の新入生を迎え入れるに至った。ブラウンは一九七一年、ダートマスは七二年に女性の入学を認め、ペンシルバニアも女子カレッジと一九七四年に完全統合した。また、ハーバードはラドクリフとの組織的統合を積極的に進めるようになった。その他の有名男子大学も、ウィリアムズ、バージニア州立、カリフォルニア工科は一九七〇年、ノートル・ダムは一九七二年、アマーストは一九七五年に共学化し、陸軍士官学校（ウェストポイント）や海軍兵学校（ネイヴァルアカデミー）など軍関係のトップ校も一九七六年から女性の入学を認めるようになった。

コロンビアは女子大のバーナードと緊密な関係を継続しながらも、一九八三年から独自に女性の入学を許可するようになった（なお、この頃、ヴァッサーやサラ・ローレンスなどの名門女子大も同じく共学化に踏み切ったが、スミス、ウェルズリー、ブリンモアなど、そのまま女性のみを対象とした教育を続ける判断を下した名門女子大もあった）。

プリンストン大学の共学化

アメリカの一流大学の多くは、女性の教育という点ではもともと、東大より大幅に遅れていた。今日でこそ、アメリカでは大学生の五七％を女性が占めており、一流大学ではほぼすべての学部において男女比率は半々、その他の大学では女性の方が多いことが問題にすらなっているが、これは比較的最近の現象である。

先の章では戦前、戦後の東大の状況を取り上げながら、大学が男性中心の構造であったことを指摘したが、それは国内では決して東大に限ったことではなかったし、世界的にもまったく珍しいことではなかった。中世ヨーロッパの大学は男の領域だったたし、近代に入っても、大学はどこでも主に男性を教育する場というのが前提だった。女性のために設立された女子大を除き、高等教育における女性の存在はあくまで例外的だった。東大の教育はそのような世界の価値観を反映していたに過ぎないし、実は一九四六年に入学を認めたということに限れば、欧米の大学と比較しても東大はかなり先進的であった。それは敗戦後のアメリカを中心とする占領軍の指示のもとで行われたものであったが、かくいうアメリカでは、当時ほとんどの一流校は男子大だったのである。

本章では主にプリンストン大学が共学化した過程に焦点をあてる。同校は東大の戦略的パートナーシップ校でもあり、両校のあいだで近年、さまざまな共同研究や合同シンポジウムが行われている。また同校は、東大が交換留学協定を持つアイビーリーグ校で、東大生に人気の留学先でもある。

一七四六年創立のプリンストン大学は、アメリカ北東部のニュージャージー州の小さな町に位置し、ハーバードやイェールなどとともにアメリカを代表する超名門伝統私立大学として知られている。これまで数多くの政府首脳、財界のリーダー、研究者などを輩出してきた。

そのプリンストンは創立以来、二〇〇年以上にもわたって、一部の大学院などの例外を除き、女性の入学を認めてこなかった。エリートの男性、とりわけアメリカに多くいるキリスト教の長老派（プレスビテリアン）と呼ばれる宗派の子息が集まる大学であり、アメリカ社会のリーダーとなる男たちを育てることを誇りにしていた。卒業生にはジェームズ・マディソンやウッドロー・ウィルソンなどの大統領をはじめ、著名人が多数いる。そのようなプリンストンがなぜ、そしてどのように共学化という方針転換を決めたのかを見ることで、二〇世紀後半以降のアメリカにおける高等教育と男女平等をめぐる議論を考えたい。とくにプリンストンの歴史学部名誉教授であるナンシー・ワイズ・マルキール（Nancy Weiss Malkiel）の研究と、プリンストンの文書館に残された当時の資料を参照する。[*1]

プリンストンが共学化した一九六九年の秋、男性学生三二五一名に対して、女性学生は一七〇名だった。全学生数の約五％であり、これは当時の東大における女性比率とほぼ同じであった。その後、プリンストンの女性学生比率は七一年に一九％、七五年に三〇％、九〇年には四〇％に達し、二〇一〇年に五〇％となった。それ以降は一貫して男性とほぼ同数である。

一方、東大の女性学生比率はすでに見たように二〇二二年でも約二〇%にとどまっており、過去一〇年ほどはほとんど伸びがない。六九年と比べると五倍程度にはなったものの、女性は圧倒的に少数のままである。プリンストンは共学化四〇年で女性が半数になり、東大はその倍の八〇年近い時を経ても二〇%である。

またプリンストンでは二〇〇一年にシャーリー・ティルマンが初の女性学長に就任し、二〇一三年まで大学を率いた。学部長にもすでに数多くの女性が就いている。しかし東大はこれまで女性の総長はいないし、女性の学部長もほとんど出ていない。

この差はどこから来るのだろう。プリンストンの歴史を振り返りながら、東大のことも考えてみよう。なお、当然ながら、東大とプリンストンはまったく異なる社会に存在する、異なる大学である。日本とアメリカでは高等教育の位置付けや価値観も異なるし、歴史や制度も違う。東大は国立大学法人で、プリンストンは私立だし、大学の構造も予算も違う。比較の対象とすべきではないという批判もあるかもしれない。しかし両大学とも長年築き上げられてきた男性の環境のなかに女性学生を迎え入れたという点では共通しており、両者を比べることで、明らかになる課題もあると思われる。

なお、本章の目的はプリンストンの様子を紹介することで「アメリカの方が良い」と主張するものではないことはあらかじめ明記しておきたい。確かにプリンストンをはじめとするアメリカの大学における今日の学生男女比は東大よりバランスが取れているし、ジェンダー教育も日本よりはるかに進んでいると言えよう。とはいえ、近年の #MeToo 運動などからも明らかなように、プリンストンをはじめとするアメリカの大学におけるジェンダーをめぐる問題がすべて解決したわけでは決してないし、差別がなくなったわけでもない。アメリカの状況をここで振り返るのは、いたずらに褒めるためではなく、東大の過去と未来を考えるためのひとつの参照枠とするためである。

共学化は経営判断

一九六〇年代後半から七〇年代にかけてのアメリカの名門大学での共学化の議論は、基本的には白人の男性が主導したものだった。一部の例外を除き、プリンストンを含めて当時の大学界のトップはほとんどが白人男性であったから、それは当然でもあった。

プリンストンの学長であったロバート・ゴヒーンは同大を卒業後、古典学の助教授となり、一九五七年に三七歳の若さで学長に就任し、その後、一五年にわたり、大学を率いた。

マルキールの研究によれば、ゴヒーンはとりたてて革新的なジェンダー観の持ち主ではなかった。就任時は自分が卒業したプリンストンが男子大であることを問題だとは思っていなかった。妻や娘は女子大の卒業生であり、そういう点でも、共学化にはさほど関心を抱いていなかったようだ。

その一方で、アメリカで女性の権利を求めるフェミニズム運動が盛んになると、ゴヒーンは社会が大学に変革を求めるようになっていることにも気づいていた。一九六〇年代半ばになると「ビジネス、教育、専門的職業、公的機関などにおいて、女性がより公平で同等の機会を求めることが正しいとされ、受け入れられるようにもなっている」ことを認識するようになっていた。

このような社会情勢の変化のなか、ゴヒーンは安定した大学経営のためには共学化が必要だと考えるようになった。全米各地で高校生などと話すと、「男子大学には行きたくない」という声が以前と比べて非常に強くなっているのが明らかだったからだ。若い世代が公民権運動やフェミニズム運動に積極的に関わるなか、旧態依然とした白人男性のみのキャンパスで学ぶことに優秀な高校生たちはもはや魅力を感じなくなっていた。プリンストンに合格しても、「同級生に女性がいないのは嫌だ」と他の大学に行ってしまう例が増えてきた。

とりわけ一九六〇年代に入ると、プリンストンとハーバードの両方に合格してもハーバードを選択する学生が急速に増えたのは大きな懸念だった。一九五〇年代半ばまではほぼ拮抗《きっこう》していたのに、一九六〇年代半ばになると両校の合格者の四人に三人がハーバードを選ぶようになってしまったのである。

プリンストンの執行部は、その大きな要因はプリンストンに女性がいないことだと結論づけた。ハーバードも男子大ではあったものの、隣接する女子大のラドクリフの学生が授業で男性と机を並べて学ぶ環境にあり、プリンストンと比べればはるかに女性と自然に交流する機会は多かった。

加えて、ゴヒーンはハーバードの他にも、プリンストンの受験者が併願することの多い、イェール、ウェスリアン、ウィリアムズ、ハミルトンなどの名門男子大学が共学化を検討しているという情報も得ていた。なかでも昔からの強力なライバルであるイェールが共学になれば、プリンストンが打撃を受けることは容易に想像できた。両校が同じ一九六九年に共学化したのは、偶然ではない。学生獲得競争に乗り遅れまいと、互いの動きを見ての判断だったのである。

つまりアメリカの大学の多くがこの時期に共学となった最大の理由は、他大との競争と優秀な学生の獲得のためだった。もちろん、女性の存在が大学教育を多様で優れたものにするという考えや、女性も男性と同じ優れた教育を受ける権利があるという意識がなかったわけではない。しかし男性の経営陣にとって、それはどちらかというと副次的理由であった。プリンストンのゴヒーンをはじめ、各校の男性学長が伝統を擁護する一部の卒業生や在学生などの強い反対を押し切ってまでも、ほぼ同じ時期に女性の入学を認める改革を推し進めたのは、女性のためというよりは、大学の競争力を強化し、経営を安定させていくためだった。

共学の是非をめぐる調査

競争力のある大学を築いていくために共学化は不可避であるというゴヒーンの意見に対して、女性の入学は逆に経営を圧迫することになるという懸念もキャンパスでは聞かれた。たとえば、プリンストンは学生がキャンパスの寮に住む居住型キャンパスであるため、女性が入学すれば専用の寮を用意しなければならない。新しい建物のためには土地も必要だ。その管理のためにもコストがかかる。また、女性の入学を許可することはこれまでの男性の定員を減らすことを意味するのか。それにはとりわけ強い抵抗感を示す卒業生は少なくなかった。しかし男性を減らさなければ学生の総数が増えてしまう。そうなると教室の数は十分にあるか。プリンストンが誇る学生対教員比が下がってしまうのではないか。

あるいは女性は卒業しても男性のように出世しないから、寄付金をあてにできなくなってしまうのではないか。結婚すると夫が卒業した大学に寄付金が流れてしまうのではないか。そうすると同窓生による寄付が減る（前章で見たように、ほぼ同時期に慶應義塾大学の池田弥三郎も「大学女禍論」で、女性の学生が増えると寄付金が減ると主張していた）。寄付金に依存するアメリカの大学にとってこれは非常に大きな懸念材料だった。女性を入学させることはプリンストンの未来を逆に不安定にさせるものだという批判は根強かった。

この状況を前に、ゴヒーンは一九六七年、同大の公共政策大学院の経済学教授であったガードナー・パターソン博士に対し、共学化に関する教育と財政の調査と報告書の作成を指示した。パターソンは国際的に著名な経済政策の研究者だった。白人男性の彼は、当時は共学とすることに関して、とりたてて強い意見を有していなかったという。加えて、パターソンは大学を一時的に離れ、スイスのＧＡＴＴ（関税及び貿易に関する一般協定）の本部で働いており、プリンストンでの共学化をめぐる議論はほとんど知らなかった。ゴヒーンはあえて現状に関わっておらず、積極派でもないパターソンに白羽の矢を立て、徹底した調査を依頼したのである。

報告書作成には執行部や教職員で構成される全委員が男性である正式な委員会も設けられたが、実質的には授業義務を免除されたパターソンが半年ほどかけて、ひとりでデータやレポートを収集し、書き上げた。

パターソンはあらゆることを検討しようとした。多少長くなるが、彼が調査しようとした問いの例を記してみよう。

- ハーバードのように女子大と提携することと、完全に共学化することとの利点と欠点は何か
- もっとも望ましい男女比は何か
- 男女によって、学生の授業選択はどのように異なるか
- 選択する専攻はどうか
- 中退率は男女によって異なるか
- 女性が授業にいる場合といない場合では何が異なるか

・女性はカリキュラム的に特別な補助を必要とするか
・女性は男性と同様に独習ができるか、あるいはより密な指導が必要か
・女性向けの寮の運営は男性向けのものよりコストがかかるか
・寮の部屋以外にも女性は特別な女性専用空間を必要とするか
・共学化は女性の心身の健康にどのような影響を与えるか
・女性の入学を認めた場合、考慮に入れなければならない事務費用は何か
・女性学生をケアするための事務員は必要か
・男性と比べて女性は特別な経済的援助は必要か
・男女の卒業生で寄付はどう異なるか
・進学を希望する今日の高校生は男子大・女子大と共学と男女提携の大学をどのように考えているのか。それは成績や居住地によって異なるのか
・プリンストンの学部生は自分の学生生活をどう捉えているか
・プリンストンの学部生は共学化についてどう考えているか
・プリンストンの学部生はこの大学が男子大であり続けた場合、自分の弟に進学を勧めるか

・プリンストンの教員は共学化についてどう考えているか
・授業に男女両方がいる場合、学生が質問をしたり、話し合いをしたりすることに影響は出るか
・プリンストンの教員は自分の息子に共学と男子大、どちらに行かせたいか
・共学化することは、教員の獲得にどのような影響を与えるか
・共学化することは、優秀な学生の獲得にどのような影響を与えるか
・共学の環境で教えたことのある教員は、女性がいることをどのように考えているか
・共学の環境では学生の予習、教員の準備、あるいは授業の質に何か影響が出るか
・女性を指導することは男性よりも時間がかかるか

このように、パターソンはあらゆることを調査した。その結果、たとえば男子高校生の七八％は共学校の方が望ましいと考えているとか、プリンストンの在学生の八二％は女性がいた方が良いと考えていることがわかった。四年生の五六％は同大が男子大のままなら弟には勧めたくないと思っているという衝撃的な事実も判明した。一方、教員の半数、四〇歳以下であれば六割近くが共学が良いと考えており、「どちらでも良い」を含めると九

四%が共学化に反対していないことがわかった。さらに八五%の教員は息子がいたら共学校に行かせたいと回答していた（娘についてもほぼ同じ数値であった）。三〇歳以下の教員に至っては九四%が共学校に行かせるという意見であり、男子大のままではプリンストンの未来が暗いことは明らかだった。

また、ハーバードでも学ぶラドクリフの女性学生や、共学のスタンフォードの女性学生は一般的には男性より多少良い成績で卒業していた。一部の教員や卒業生の懸念とは異なり、女性学生は明らかに一流大学の授業を履修できる能力を有しているのであった。

さらにパターソンの調査を補うために、他の教員と職員がプリンストンの授業や教員に関する徹底した調査を行った。

- 女性学生はどのような授業を取りたがるか
- 現状のプリンストンで学生を増やす余裕のある学部や学科はどこか
- どの学部や学科で学生増加の準備をする必要があるか
- どのような新しい施設が必要か
- 教員は増やさなければならないか

- 共学化することで授業方法を変える必要があるか
- 事務職員を増やす必要はあるか
- 女子大と協力関係を築く方法と、共学化ではどれくらいコストが異なるか

以上のような問いをできるだけ客観的なデータをもとに検討し、報告書に盛り込んでいった。

そうしてでき上がったパターソンの報告書は、「女性の学部入学を認めることで、プリンストンはより良い大学になる」と明確に共学化を擁護する結論になっていた。彼の調査によると、学生にも教員にも、共学化はプリンストンにとって良いことであるのみならず、不可欠であるという強いコンセンサスができつつあった。共学化が実現しなければ「一〇年、あるいはそれ以内にプリンストンは学生、教員、寄付金の面で現在の競争力を維持することはできなくなるだろう」。このままでは「ぬかるみにはまった」ままで抜け出せなくなってしまうのは明らかだった。報告書作成のために設けられた大学の委員会でも、九名中八名の委員がパターソンの報告書をもとに、共学化に賛成していた。

このように、プリンストンの共学化の準備は六〇年代のアメリカ社会の変化を背景に学

長の主導のもと進められた。その是非を検討するために、教員と職員が一体となって徹底した調査を行い、学生を含めた学内の意見統一をはかっていった。

もっとも懸念されたのは同窓会の反応だった。アメリカの大学では同窓会が強い力を持つために、その意向を無視することはできない。同窓会にそっぽを向かれれば、大学が頼りにする大型の寄付金が来なくなる（報告書作成委員会でも、唯一共学化に反対したのは寄付金をもとに大学のファンドを運用する担当者だった）。大学は常に卒業生の意向を気にしなければならない。当時のプリンストンには「エリート男子」の教育こそが同校の伝統だと信じる同窓生は少なくなく、共学化には強力な反対運動もあった。

これに対しゴヒーンはパターソンの報告書をもとに、丁寧に、粘り強く説得を続け、女性の入学準備を推し進めていった（プリンストン大学の文書館には、共学化に反対する同窓生の多数の手紙とそのひとつひとつにゴヒーンやパターソンらが丁寧に反論した返信、さらに彼らが全米各地の同窓会支部を訪れて共学化の理由を説明した時の記録などが残されている）。とりわけ、反対意見を抑え込むために、当初は女性の入学者数は限定し、従来からある男性の入学定員枠は減らさないという合意がなされた。

女性職員の雇用

とはいえ、一九六九年秋に女性を迎えるまでのプリンストンの準備は、決して余裕を持って計画通りに進められたわけではない。その年の二月の時点でも、秋に第一期生を迎えるかどうかの最終決定はなされておらず、女性の入学希望者は最終決定を下す役員会が開催される前に願書を送付しなければならない事態となった。せっかく応募しても役員会の決断如何《いかん》では入学できない可能性があるという、極めて流動的な状況で女性を迎え入れる準備が続けられた。

最終的に役員会は女性の入学を認めることになったが、これほどまでに急いで共学化に舵《かじ》を切ったのは、先述の通り最大のライバル校であるイェールが六九年からの共学化を決めたからであった。イェールが共学化すればプリンストンもしないわけにはいかないし、開始時期で後塵《こうじん》を拝することも許されなかった。したがって、女性受験者は六九年からはイェールにもプリンストンにも応募できるようになった。

突貫作業のなかで共学化の決定が下されたが、そのなかでゴヒーンが女性の入学前にどうしてもやらなければならないとこだわったのは、女性学生をケアする女性職員の雇用だった。まずハルシー・ボーエンがその担当者として採用された。そしてパトリシア・アルブジャーグ・グラハムとメアリ・プロクターもスタッフとして合流した。

メアリ・プロクターはプリンストンの公共政策大学院の学生でもあった。当時のプリンストンはすでに大学院に女性が入学していて、彼女はそのひとりだった。興味深いことに、プロクターは自分が職員として採用されるのとほぼ同時期に、プリンストンの同窓会誌に「なぜ（プリンストンの）女性は男性と同じようになれないのか」という論考を投稿し、同大の女性に対する姿勢を強烈に批判していた。

プロクターによると公共政策大学院で学ぶ女性たちは「男性の大学に来ることは容易なことではないというのは理解して入学したが、これほどまでに居心地が悪いとはほとんどが予想していなかった」。しかもこの大学院生の一〇名は、秋に大学に入学する、高校を出たばかりの「一年生よりはるかに人生経験が豊かである」。その大学院生でも苦労しているのだから、新一年生には「良いことより悪いことの方がはるかに多く」待ち受けているだろうと警告したのである。

もちろん、プロクターはそうならないよう採用されたわけであったが、一学生として見ると、当時のプリンストンは女性学生を迎え入れる準備ができているようには見えなかった。イェールに出し抜かれては困るという、あくまで大学経営の観点から猛スピードで共学化を進めたプリンストンには欠けているものがあまりに多いとプロクターには思えた。

とはいえ、六九年に入学する一五〇名ほどの女性のために、プリンストンが現状に強く批判的な人物を含めた三人の女性職員を雇用したのは注目に値する。

プリンストンの女性学生

プロクターの予想通り、共学化直後に入学した女性の苦労は大きかったようだ。女性は新一年生一〇一名、他大学からの編入生が四八名、加えて協定大学から一年限定で語学を中心に学ぶ学生が二一名いた。先述したように、これら一七〇名の女性に対し、男性は三二五一名、女性の比率は五％だった。

九月六日にキャンパスにやってきた女性学生は男性学生のみならず、メディアからも注目の的だった。プリンストンの同窓会誌はある女性学生の共通テスト（SAT）の点数だけでなく、「非学問的な統計も」とスリーサイズまで公表するほどだった。彼女たちは教室で唯一の女性になることも珍しくなかった。「何か言えば、女性全員を代表して話しているかのように扱われ」るため、「ものすごく居心地が悪かった」という。

宇宙物理学の授業で、女性の学生に望遠鏡を覗くように指示した教員が、レンズを教室後方に貼られた女性のヌードポスターに向けていたこともあった。女性学生がいても、絶対に「ミスター」という敬称を使って呼ぶ教員もいた。教室に行けば誰も隣に座らないし、何かを言えば「女の視点」とばかり言われてしまう。まるで「男性の組織の実験材料にされているよう」だった。プリンストンのキャンパス空間そのものが完全なまでに男性のものであったため、女性学生が落ち着ける場はなかった。

後にアメリカジェンダー史研究者として活躍することになるクリスティン・スタンセルは図書館の閲覧室に入ると、男性しかおらず、彼女を見た他の学生が笑い出したという。恥ずかしくて「顔が真っ赤になり、二度と閲覧室には戻らなかった」。プリンストンに来て生まれて初めて「その気持ちや経験などどうでもいい『他者』として扱われた」と回顧している。

初の女性教授

当時のプリンストンの話題の中心はもっぱら共学化だったが、実は教員に女性が本格的に採用されるようになったのもこの頃だった。初の女性教授は一九六八年にテニュア（終身雇用権）を与えられた社会学者のスザンヌ・ケラーだった。そのニュースを報じる『ニューヨークタイムズ』は、ケラーの専門や学位に加え、年齢が四一歳で未婚であることにも言及していた。[*2]

ケラーは自分がテニュアを取ることで「永遠に続くと思われていた男たちの親密な世界」が侵されることになり、大学は「大混乱に陥った」と後に述べている。まるで自分が火星から来たのかと思ってしまうほど、周囲に戸惑われたという。男性たちは「まるで女性を見たことがないかのよう」だった。[*3]

社会学者としての業績よりも女性であることがことさらに強調されてしまい、周囲に「常に見られていた」という。「失敗すればそれは個人のものではなく、すべての女性の失敗とされる」。「無数の委員会の委員にさせられ」、いつも「女性の視点」を説明するように求められた。

男性の同僚ひとりひとりには悪気は感じられず、むしろ彼らは協力的でもあった。しかしケラーによればプリンストンは「男による男のための組織」であり、そこにいる女性は男性に仕える職員か、学生たちの週末のデートの相手であり、いずれにせよ女性はキャンパスでは二級市民扱いだった。そのような環境下で女性が重要なことができるとか、管理職の仕事をこなせるという意識は男性たちにはまったくないことを日々痛感していた。すべてが男性の価値観で回っていて、女性がそれに合わせることが当然のごとく求められていた。

ケラーが批判したような状況を、女性の入学前から危惧していた卒業生もいた。というのも、パターソンの報告書は詳細であるものの、あくまで既存のプリンストンの構成員、つまり男性の視点から共学化の課題を考えていた。ウィルソン・カレッジという女子大の学長をしていた卒業生のポール・スウェイン・ヘイブンスは、プリンストンに手紙を送ってこの報告書を批判した。

プリンストンの調査には、プリンストンの学部生となる女性のためのプログラムやメリット、機会についての言及が一切ないことに驚きました。重視されているのはプリンストンとその男性学生にとって何が良くて、何が悪くて、何が関係のないことなのかということばかりです。しかし女性はプリンストンとその男性学生の利益のための道具ではありません。女性の教育はプリンストンの男性の教育と同じだけ重要なのです。プリンストンが女性に何を提供できるか、彼女たちの知的、精神的、社会的な成長に男性の成長と同じく何を与えられるのかを真剣に、良心的に考えないのであれば、共学化の計画など放棄すべきです。

プリンストンの初年度はヘイブンスが危惧したように、「イェール大学に先を越されないため」に女性を入れたに過ぎず、組織として女性の視点からキャンパスのニーズを考えるということは十分にはなされなかったようだ。もちろん、ハルシー・ボーエンらの女性職員は、女性学生を個別に支援するために必死に働いていた。孤立しがちな女性学生に頻繁に声をかけ、日曜日などには自宅に招き、その悩みに耳を傾け、問題解決のために奔走した。

しかし多くの問題への対処を女性職員に押しつける一方、大学の構造はあくまで男性の価値観に彩られたままだった。女性は男の世界に入ることがある程度許されたものの、少数の女性の存在でキャンパスの世界が変わることはなかった。

男性優遇措置の廃止

それでも、プリンストンはその後も女性の学生と教員を増やしていった。一九七一年には三二七名の女性新入生を迎え、女性の比率はほぼ二〇％になった。つまり女性を初めて迎えてからほぼ三年でゼロから現状の東大の比率に近くなったのである。大学は学生増加のためにどうしても必要だった寮を用意するために、既存の寮を改修したり、近隣の建物を買い取ったりして女性用の部屋を増やしていった。女性学生がさまざまな課外活動に参加できるようにしたし、女性学生向けの健診をはじめ、女性が好むであろうという判断でモダンダンスのクラスも開講した（実際には男性の学生にも大人気だった）。

またケラーによってプリンストン史上初めて、ジェンダーをテーマにした授業が開講された。学生のあいだには抵抗感も見られたが、それを契機にキャンパスでは男女の性差をめぐってさまざまな議論が交わされるようにもなった。

一九七一年には有志の女性学生たちが「女性センター」（women's center）を立ち上げ、社会と女性に関する講演会や勉強会などを通して、ハラスメント問題や女性学の重要性を考えるようになった。七四年からは大学が正式に予算を出すようになり、七八年以降は学生部長の指揮下の正式な大学組織となる。このセンターは、現在、対象を女性以外にも拡大しながら、さまざまな学生支援やダイバーシティ・インクルージョン関連の活動を継続している（現在の名称は「Women*s Center」で、アポストロフィの代わりに、アステリスクを用いることで「女性」を広く定義している)。また、七〇年代に入ると、女性教員も少しずつながら増え、大学の理事会にも女性が加えられた。学生生活部長に女性が任命されるなど、大学執行部にも女性の姿が見られるようになった。

とはいえ、すでに述べたように、共学化当初のプリンストンには、あくまで男性の定員数は減らさずに、無理のない範囲でのみ女性を増やしていくという原則があった。限られたキャンパス空間で少人数教育を重視していた大学としては、一学年八〇〇名の男性と同数の女性を受け入れること、つまり在籍学生を倍増させることは現実的ではなかった。結局、男性の枠は固定されたままで、女性は大学のキャパシティの問題とならない限り受け入れられていたに過ぎなかったのだ。

しかし、学内に設けられた大学の将来構想委員会は一九七三年に、この男性優遇措置を撤廃することを提案した。それは女性に不公平な制度を継続すると、優秀な学生が今後、プリンストンを受験しなくなるのではないかという懸念に基づいていた。女性というだけで差別される大学には行きたくないと考える女性はいるだろう。同じように思う男性の学生もいるはずだ。ちょうどその頃、アメリカ議会では公民権法が修正され、大学をはじめとする教育機関における男女差別が禁止されるようになり、そこには教育や課外活動のみならず、入学のための選抜プロセスも含むべきだという議論が連邦議会でなされていた。そのため、プリンストンがそのまま男性枠を維持できるかは法的にも疑問だった。

共学化が始まり、優秀な女性がキャンパスに来たことで、教員や学生の大多数は「男性枠」の意義に疑問を覚え、その撤廃を望むようにもなっていた。一方、伝統を重視する同窓会には根強い反対論があった。男性の枠を変えないという当初の約束を反古《ほご》にして良いのかという意見もあった。難しい調整が続けられた後、最終的には同窓会も賛同し、入学者のうち八〇〇名は男性という枠は撤廃された。これ以後、プリンストンは性別に基づく明確な入学枠をあらかじめ設けることはせずに入学者選抜を行うようになった。

五〇%に向けて

男性枠が撤廃されても、すぐに男女が同数になったわけではなかった。プリンストンの女性学生比率は一九七五年に三〇%を超えたが、四〇%に到達したのは一九九〇年、五〇%になったのは二〇一〇年――つまり半数になるのに、共学化が始まってからなんと四〇年ほども要したのである。アメリカの大学で女性学生比率がほぼ五〇%になったのは一九七八年だから、全国平均よりもずいぶんと遅いことがわかる。[*4] ちなみにライバルのイェールは一〇年以上早い一九九七年に半数になっている。

マルキールはこの歩みの遅さについて、プリンストンは保守的な大学という印象が強く、女性の志願者がすぐには増えなかったことに加え、男性学生がその割合の多くを占める工学部の規模が比較的大きいことを理由として挙げている（ちなみに二〇二二年現在、プリンストンの工学部の学部生数は全体の約二五％である。工学部の女性の比率は学部生で四一％、大学院生は三二％ほどである。教員は約二三％が女性である）。

プリンストンが保守的だという印象の要因として、マルキールは「イーティング・クラブ」と呼ばれるプリンストン独特の学生組織の存在を挙げている。これは大学の資金を得ていない、プリンストンの学部生の私的なクラブだ。限られた学生が日々食事をともにすることで交流を深めるもので、大学に複数存在している。通常の食事以外にも週末のパーティやいろいろなテーマのソーシャル・イベントなどが行われる。クラブメンバー以外が参加できるものもあるが、多くはメンバー限定のものだ。それぞれのクラブは同窓生とのつながりも深く、プリンストンのなかの「エリート・クラブ」として長いあいだ機能してきた。

このなかに、共学化後も女性の入会を拒否したクラブが複数あった。東大の女性学生排除のサークルを思い出すが、プリンストンの場合、メンバーになれなかった女性学生が訴訟を起こすに至り、最終的にはニュージャージー州最高裁でこの差別的慣行が否定されることとなった。この間、イーティング・クラブの排他性が全国的に報道されてしまったのである。女性の入会を拒否するクラブは一九九一年まで存在したが、このような差別的慣習の存在が社会に知られたことが、女性の入学者がなかなか増えなかった要因であったとマルキールは指摘している。

一方、大学としては男性中心のキャンパスを変える努力も続けられていた。当初は大学の管轄外という立場を取ってきたイーティング・クラブに対しては、八〇年代半ば以降は女性の入会を認めるよう強く働きかけるようになった。教員からはこのような慣習を「あまりにひどく、言語道断」と強く批判する声も聞かれるようになった。*5

また、一九八二年には学部生向けに「ウィメンズ・スタディーズ」プログラムが創設され、女性学を一定数履修することで修了証が得られるようになった。どの学部に所属しても、女性学を学びたい学生は授業が履修できた。このプログラムは二〇一一年に「ジェンダー・アンド・セクシュアリティ・スタディーズ」と名前を変え、今日まで続いている。

文学、歴史、法学、国際関係など、さまざまな学部が提供するジェンダーやセクシュアリティ関連の授業が毎学期三〇ほど開講され、学生はそのなかから卒業までに五つの授業を履修し、ジェンダーに関する論文を書くことで修了証を得ることができる。さらに学期中は講演会やワークショップなども頻繁に行われている。このプログラムを履修する学生のために五名の専任教員に加え、五〇名を超える協力教員がいる。*6

女性学生に加え、女性教員の数も増えている。二〇二二年の統計では、女性の教授は二八％、准教授は四六％である。すでに紹介したように、二〇〇一年には生物学者のシャーリー・ティルマンが女性として初の学長に就任し、一三年まで大学を指揮した。ティルマンはマイノリティ、女性、ＬＧＢＴＱの学生を増やすために尽力し、そのリーダーシップのもとで女性の学部生は全体の半数になった。また、教育担当の責任者であるプロボスト（教学担当学長）には後に同じくアイビーリーグ校であるペンシルバニア大学の女性学長となるエミイ・ガットマンが就いた。ディーン（学部長）にも女性が次々と選ばれ、男性が多いとされる工学部のディーンも二〇〇三年以降は、四名中三名が女性である。

このように、ケラーが採用された約半世紀前と比べると隔世の感もあるが、それでも教授は三割に達していないし、准教授も半数になっていない。一方、終身雇用権のない契約の教員となると半数以上が女性であり、立場が低くて弱い職位ほど女性の割合が増えていくというのも東大の現状と変わらない。四年で卒業する学生とは異なり、教員は在職年数が長いため、よほどの努力をしても、平等を達成するには長い時間がかかってしまうのである。

プリンストンと東大

以上見てきたように、プリンストンは女性の学部生を入学させるかどうかについて、学長のリーダーシップのもと、相当な議論と調査をしたうえで決断を下した。女性に平等の機会を与えるべきという意識はあったものの、もっとも大きな動機はイェールをはじめとするライバル校の動向と社会情勢だった。共学化の調査を担ったパターソンは「男性だけのままでは我々が求めるレベルの学生を惹《ひ》きつけることはますます難しくなっていく」「世界が変わるなか、変化なしではプリンストンは偉大な大学のままではいられない」と認識するようになっていた。このように、六〇年代後半のアメリカの大学の共学化はジェンダー正義よりもむしろ経営判断に基づいたものだった。

けれども、一度そのような判断をしたからには、学外の情勢、学生や教職員の意識、同窓会の意見などを細かく調査し、共学化に必要な準備を始めた。タイミングは見切り発車であったものの、女性学生を受け入れた後はその流れを止めることはしなかったし、できなかったとも言えよう。男女を平等に扱わない大学というレッテルは、明らかに評価を上げるものではなかった。訴訟を起こされたり、政府からペナルティが科されたりするリスクもあった。

そのような状況下、プリンストンは女性学生をサポートし、男性の入学枠を撤廃し、むしろ女性学生を増やすための施策を取ってきた。女性教員を採用し、女性センターや女性学プログラムを創設するなど、女性をキャンパスの構成員として迎えるための努力が継続的になされてきた。それは決して十分ではなかったという批判は当然ながらあろうが、今では最初の女性学生が入学した一九六九年には想像もできなかったような大学を作っている。

一方、第三章で述べたように東大の共学化は占領軍という「上から」の方針のもとで行われたものだった。総長の南原繁や法学部教授の高木八尺などは女性の入学という方針には賛同したものの、それ自体は大学トップのイニシアティブから生まれたものではなかったし、ましてや一般教員や学生が求めたものでもなかった。

女性が入学したのは、終戦後まだ一年も経っていない時期であり、社会が著しく混乱し、大学の存続自体も不確かな状況下であった。共学化が大学にとって、社会にとって何を意味するかを真剣に検討した形跡はない。パターソンのような調査を行う余裕などまったくない時代だった。当然、女性がキャンパスの構成員になるにあたり、どのようなサポートが必要かといった検討などは一切なされなかった。そのための職員が採用されることもなかった。卒業生の思い出話で繰り返されたように、女性学生を迎えるにあたって、トイレの整備すらろくにされなかったのである。

女性は合格をすれば入学することは認められたものの、それはこれまでの「男の東大」のなかに入ることを許されたに過ぎなかった。男性で占められてきた東大が女性のために何か特別なことをするという発想は基本的にはなく、あくまで女性が男性の環境に慣れることが求められた。

すでに指摘したように、高木八尺が終戦直後、これからの日本は「性別による差別ではなく、知識（インテリゼント）によってその身分が決められるべき」と主張した時、そこには「知識」を獲得する環境や知識の基準と評価そのものが男性によって構成されてきたという認識はなかった。戦後の東大における「男女平等」とは、男性が長く支配してきた知の領域への門戸を女性にも開くというだけであり、そこにある男性中心の価値観を再考するという意識はなかった。プリンストンのケラーが一九七〇年代に感じたように、東大でも「信念、前提、基準、これまでの物事のあり方とやり方」すべてが男性中心に回っていたのである。

その後、社会と大学が安定していくなかでも、この姿勢は変わらなかった。女性学生が少しずつ増え、その要求に応じて寮を用意するなどということはあっても、男性の教職員や学生が率先してキャンパスのジェンダー環境を改善しようとすることはなかった。東大の「タテ社会」が男性の価値観を中核に据えたものであるという意識は希薄だった。むしろすでに見たように、一九五〇年代後半から六〇年代にかけては、一部の男性教職員と学生が世間を賑わせた女子学生亡国論に同調し、女性学生の才能に平気で疑問を投げかけていたほどだった。プリンストンの女性学生比率が四〇％近くになった一九八〇年代後半になっても、東大の総長自らが東大生には「東大と同様にダサイ某女子大学の卒業生程度」の「花嫁候補」しかいなくなってしまった、と放言するような大学だった。

大学進学率と東大の男女比

日本社会の大学進学率は、戦後着実に増加を続けた。女性の大学生も増え、一九五〇年代には二%ほどだった四年制大学への進学率は一九六八年に五%を超え、七三年に一〇%、九四年に二〇%、二〇〇〇年には三〇%になった。現在(二〇二二年)は四五・六%(一二〇万人強)である。

しかし東大の女性学生は同じペースでは増えなかった。女性入学者が全体の五%を超えたのは一九七一年、一〇%に達したのは一九八七年である。その後、二〇〇四年に二〇%に達したものの、以降はほとんど変わっていない。日本全体では大学に行く女性が増えているのに、その傾向から完全においてきぼりの状態が続いている。

教員採用においても、女性を積極的に採ろうという姿勢は長いあいだまったくなかった。むろん、女性を最初から露骨に資格外などにしたわけではなかった。しかし「優秀な研究者を採る」という東大の基準はもっともらしく響くものの、実際には「優秀」の基準と評価は、男性が作り上げる組織とその価値観と無縁ではない。大学の公式統計で教授の男女比がわかるもっとも古いデータは二〇〇一年のものであるが、その時点で、教授の九七・五%、助教授の九六・三%が男性であった。*7 それ以前は男女の統計を取るという発想すらなかったわけで、研究室はほぼすべて男性教授が支配していたのである。

そのような状況で女性が男性教員に認められる研究成果をあげて大学に残るのは簡単な

ことではなかった。たとえ優秀な女性の大学院生がいても、講師や助教授などの専任職は「ずっと働ける」男性に与えられてしまうことはまったく珍しいことではなかった。採用されたとしても、「男と同じだけ働く」ことが当然とされていた。前章で触れた中根千枝のように「婦人問題や女性解放論には興味がない」と思うのもやむを得ないことだったろうし、「タテ社会」で受け入れられるにはその方が得策でもあっただろう。ジェンダー環境を是正するための指導力を発揮するべき大学執行部も、二〇世紀を通して全員男性で、ダイバーシティへの配慮はなかった。

プリンストンなどのアメリカの大学と比べると、二〇世紀後半の東大における女性に関する施策は皆無に等しかった。女性の学生数や教員数は多少増えたとはいえ、それは何か特別な努力をした結果ではなかった。女性を支援する施策はまったくなかったし、大学としてそのようなことが必要だという意識もなかった。

東大の男女共同参画

東大でジェンダー問題が意識され、男女共同参画が推進されるようになったのは二一世紀に入ってからである。

日本で男女雇用機会均等法が施行されたのは一九八六年、日本も参加した第四回世界女性会議で公私の領域において女性差別と不平等をなくすことを目的とする北京宣言が採択されたのは一九九五年である。一九九九年六月には男女共同参画社会基本法が成立した。同法は「男女が、社会の対等な構成員として、自らの意思によって社会のあらゆる分野における活動に参画する機会が確保され、もって男女が均等に政治的、経済的、社会的及び文化的利益を享受することができ、かつ、共に責任を担うべき社会を形成すること」を目的としていた。遅まきながら、職場における男女平等が日本でも法的に整備されるようになった。

このような流れを受けて、東大で男女共同参画推進委員会が設置されたのは二〇〇二年になってからである。翌年に東京大学男女共同参画宣言が出され、男女共同参画基本計画が策定された。

東大が国立大学法人となった際に作られた二〇〇四年の「第一期中期目標・中期計画」には、学生からの「相談等の組織的対応においては男女共同参画の理念を念頭に置いて進める」「教職員の雇用について男女共同参画の推進に努める」という表現が盛り込まれた。その後、二〇〇六年には全学の男女共同参画室が発足し、「勤務態様部会」「環境整備部会」「進学促進部会」という三つの部会が設けられた。

二〇〇七年には東京大学男女共同参画推進計画という、より具体的な案が作られた。そしてこの年、医学部附属病院職員の子供を対象とする保育園がオープンし、その翌年には全学の関係者の子供を対象とする保育園が本郷、駒場、柏《かしわ》、白金台《しろかねだい》にも開園した。また、学部によっては独自の男女共同参画委員会や企画室を設立するなどの動きも見られた。

以上の経緯は、東大における男女共同参画の制度化は他大学や社会の状況を見ながら大学のリーダーが率先して始めたというより、国の方針を受けての動きだったことを示している。第三章で見たように、東大が女性の学部生の入学を認めたのは、戦後の占領軍の指示で、自発的なものではなかったが、男女共同参画も政府の方針を見据えた受け身のものだった。当時は教員の男女比は今よりも偏っていたし、女性の参画も著しく制限されていたが、学内上層部の男性がそれを大きな問題と捉え、主体的に改善しようとしたわけではなかった。

そのことは国立大学法人として二〇〇五年に初めて出したアクション・プラン「時代の先頭に立つ大学　世界の知の頂点を目指して」にも明らかである。国に提出する中期目標・中期計画には男女共同参画に言及しつつ、学内向けのアクション・プランには「男女」「女性」「参画」などの言葉はひとつも含まれていなかった。日本人男性のみで構成されていた当時の執行部には「時代の先頭」に立って、「知の頂点」を目指すためにはジェンダー平等が不可欠であるという意識がなかったことがうかがえる。なお、二〇〇六年のアクション・プランの改訂版にはようやく「男女共同参画のための環境整備」が含まれ、女性研究者支援と重要役職における女性比率の向上と女性学生の進学促進が項目として追加された。とはいえ、具体的に大きな施策にはつながらなかった。

むしろ国の方針とともに、大学を少しずつ動かす大きな力となったのは一部の教員と学生による熱心な活動である。とりわけ一九九三年に文学部に着任した上野千鶴子ら、女性教員を中心に女性教官懇話会が設けられ、圧倒的なマイノリティの立場にある女性の研究者の立場に関する情報共有などがされるようになった。

セクシュアルハラスメントとアカデミックハラスメントがはびこるキャンパスの環境に強い懸念の声があがるようになり、二〇〇〇年には評議会が「東京大学セクシュアルハラスメント防止宣言」を定め、二〇〇六年には役員会によって「東京大学アカデミックハラスメント防止宣言」も出された。

また上野や社会学者の大沢真理らの尽力で二〇〇一年に初めてのセクシュアルハラスメ

ントに関する報告書が公表された。長くその実態が語られることのなかったキャンパスにおけるハラスメントの実態を調査し、具体的に明らかにした画期的な報告であり、女性回答者の半数近くが学内でセクハラの被害に遭っていること、研究室と教室での被害が四〇%以上もあるという衝撃的な数値が並んでいた。[*8] その後、この調査は二〇〇三、〇五、〇七年にも実施され、二〇二〇年には「東京大学におけるダイバーシティに関する意識と実態調査」として再開され、その結果がウェブ上で公開されている。

二〇〇九年に濱田純一総長が就任すると、二〇一〇年にはそれまでのアクション・プランを引き継いで大学の「行動シナリオ」が発表された。そこでは東大史上初めて学生男女比の問題が項目として取り上げられ、「二〇二〇年までに学生の女性比率三〇%の達成を目指す」という目標も立てられた。二〇〇九年には「男女共同参画加速のための宣言」も出された。ただ、抜本的な解決をもたらす具体的な施策は困難で、女性学生比率はいまだに目標達成できていないままである。

プリンストンをはじめとするアメリカの多くの大学が女性を含むキャンパス作りに踏み出し、さまざまな試行錯誤のなかでジェンダー平等を大切にする大学を目指したのと比べると、東大の動きは長いあいだ極めて鈍かった。女性の学生と教員を増やすことで、ダイバーシティを重視するキャンパスを作ろうとする努力が本格的に始められてまだ一〇年程度であることにもそれが表れている。

第五章　東大のあるべき姿

日本の大学すべての問題

これまで本書では東大の男女比が示すさまざまな問題を指摘してきた。最後に著者の私見に基づいた、今後の大学のあるべき姿について考えてみたい。

もっとも重要なのは、今の男女比が東大のみならず、日本の高等教育の現状と未来にとって著しく問題であるという認識を大学全体で共有し、その解決に向かって一丸となって努力することである。すでに幾度も触れてきたように、学生、教員どちらにも見られるいびつな男女比は単に女性と男性の数が不釣り合いという数値の問題ではなく、大学の研究と教育、構造そのものと関わることである。

東大という組織が限られた日本人男性の価値観で深く彩られていることは、東大と日本社会に大きな影を落としている。東大がその憲章で謳《うた》うように、「世界の公共性に奉仕する」人材を育成するには、より多様な価値観を理解し、グローバルな社会全体に貢献していく組織を作っていかなければならない。この社会を構成する多様な人びととその視点を柔軟に包摂し、誰もが居心地が良いと思える環境を築く努力は、世界的に優れた人材を集め、卓越した教育研究成果を生み出すのに不可欠なことである。

「東大だけではどうすることもできない」という声が学内ではよく聞かれる。「東大に行きたい」と思う女性を増やすには、確かに大学だけの努力では足りない。家庭や学校、社会全体が優秀な女性が優れた教育を受けるのは当然と捉えるようにならなければいけない。

これまでの東大は女子高校生にアピールし、東大の女性学生に家賃補助をするなど、あくまで東大に学生を呼び込もうと努力してきた。しかし東大に女性学生が増えればそれで良いわけではない。仮に京都大学に入学する女性が全員東大に流れれば、東大の女性学生比率はそれなりに上昇する（ただし、それでも全入学者の半数には至らないのではあるが）。しかしそれで京大に進学する女性が減ってしまっては、社会的にはあまり意味がない。

むしろ女性の大学進学率が上昇したとはいえいまだに男性より低い現状、さらに「トップ大学」とされている学校の大半では男性学生が圧倒的に多いという日本全体の状況が変わらなければならない。同じように、優れた女性の研究者が東大に増えるのは素晴らしいが、他の国内組織から女性が転出するだけでは日本の高等教育機関全体には必ずしも良い意味をもたらさない。

学生でも研究者でも、東大の男女の比率だけが改善するのではなく、日本の高等教育機関の女性の数が全体的に増加しなければならない。東大の問題を考える際には、日本のすべての大学をもっと多様化していくという意識が重要である。女性だから、地方に住んでいるから、経済的に厳しいから、障がいがあるからなどの理由で、東大をはじめとする大学への進学を最初からあきらめてしまうことのない社会が大切だ。大学は、そのような社会があって初めて多様な背景の優れた人材が集まるキャンパスが生まれるということを意識し、努力していかなければならない。

社会のブレイクスルー

私はそのためにも、まず、東大は社会の「ブレイクスルー」に貢献する大学になるべきだと考えている。

ブレイクスルーとは日本語で「突破口」や「大躍進」などと訳されることが多い。たとえば科学実験で新しい重要な発見がなされた時などに使われる。教育においては、ブレイクスルーは概して新しい教授法などを導入することで、これまでにはなかった学習効果を生み出すことを意味する。

しかし私がここでいうブレイクスルーとは、従来、東大には容易にアクセスのできなかった学生たちに東大をはじめとする高等教育機関で学ぶ環境を提供することで、その人生の飛躍のきっかけとすることである。女性であることや経済的境遇などで東大のような大学への進学をあきらめざるを得ない、あるいは最初から考えもしないような優れた生徒たちに、大学が積極的に手を差し伸べて、成長する道を与えるものだ。

アメリカでは家庭の経済状況が厳しかったり、親が大学で学んだことがなかったりする家庭の子は大学進学率が極めて低いが、そのような層を対象にした教育がNGOなどによって展開されており、これを「ブレイクスルー」と呼ぶことが一般的になっている。とりわけ都市の貧困地域などで、高校生が大学進学のチャンスをつかめるように、授業終了後や週末、夏休みなどに無料で補習や進学ガイダンスを行うなどのスタイルが多い。

このようなプログラムには地元の大学が協力していることもある。高校生のうちから自宅近くの大学のキャンパスで学ぶことで、日常の環境ではなかなか考えられない大学進学の可能性を身近に感じられるようになっている。大学側も地域貢献のみならず、優秀な高校生を見つけて進学させるというメリットがある。また、学生がブレイクスループログラムを通してボランティアやインターンシップをすることで、社会意識が育まれるという教育効果もある。

最近は大学がより主体的にブレイクスループログラムを設けている例も見られる。たとえばコーネル大学のニューヨークキャンパス（コーネルテック）には「ブレイクスルーテック」というプログラムがあり、女性や「男女」の枠組みにはあてはまらないノンバイナリーの学生に情報工学系の知識を獲得する機会を提供している。アメリカでも理工系には概して女性が少ないので、それを是正するとともに、とりわけアフリカ系アメリカ人、ラテン系アメリカ人、貧困家庭、ファーストジェネレーション（親が大卒ではない）の家庭の女性など、大学進学率が低い層を対象にすることで、社会に奉仕する大学の姿を示している。

あるいはイギリスのケンブリッジ大学にはナノサイエンスや生命科学のサマースクールが設けられているが、そこでは、「これまで同分野において少数しかいない属性」の学生が優先されている。ブレイクスルーという言葉は使われてはいないものの、白人やアジア人の男性など、従来、当該分野に多い属性以外から新たな才能を発掘することで分野に多様性をもたらす試みである。

東大もこのブレイクスルーの概念を用いて、これまで東大のような大学にアクセスする機会のなかった高校生、とりわけ女子高校生の学びを支援する努力をすべきではないだろうか。それは学生リクルートのためというより、これまで十分な学習環境のなかった生徒たちに学びの機会と動機を提供する社会貢献である。実際には東大の女性学生増加にはつながらないかもしれないし、そもそもそれが直接の目的でもない。しかしまずはこのような社会との関わりのなかから、東大は現状のいびつなキャンパス構成とそれを許容する社会の問題を考えるところから始めるべきだと私は考える。

真に男女が平等であるキャンパスを目指すには、どんな女子高校生でも大学で勉強したいという思いを持つことができ、その意欲を積極的に支援する社会環境が大切である。「女の子はそんなに勉強しなくてよい」「女子なのに東大なんて」「東大に行ったら結婚できなくなる」などという極めて時代遅れの差別的な言葉とは無縁の、若い女性の知的成長を真摯に応援する声が家族、教員、コミュニティ全体から聞こえるような社会が必要だ。

そのような社会を作るために東大は積極的に関わるべきである。大学進学率がとりわけ低い地域や、家庭の事情などで大学受験を考える余裕のない女子高校生らの学習意欲を高め、その家族らとも対話を持ち、彼女たちの将来の可能性を豊かにするような飛躍の機会を提供する。教員がそのようなところに赴いて出張授業をしたり、東大生を派遣して交流したりさせても良い。あるいは夏休みや春休みに東大のキャンパスに招き、教室や実験室を体験してもらうこともできるだろう。このようなブレイクスルーを全国の高校生に展開することで、意欲のある女性を育て、彼女たちが東大をはじめとする各地の大学を目指すことがあたりまえとなるような社会づくりに貢献するべきではないだろうか。

もちろん、東大だけでできることは限られているから、他の大学や高校と協力もすべきだろうし、ブレイクスルーを展開するＮＧＯを設けても良い。教育機関が連携して、日本社会にある高等教育機会の不均衡を是正する努力が全国的に見られるようになることが望ましい。

多様性豊かなキャンパスを目指して

多様なキャンパスを作るためには、女性の学生以外もブレイクスルーの対象とすべきであろう。たとえばすでに第一章で触れたように現状、東大の入学者は都市の私立男子中高一貫校の出身者が非常に多い。毎年の合格者を見ると、表４（四三頁）で見たように、およそ五人にふたりが二〇の高校から来ており、その大半は都市圏にある私学と国立の中高一貫校である。

このような寡占化は東大を著しく均一化している。繰り返しになるが、東大の多様性の欠如は女性の数が少ないというだけにとどまらず、八割を占める男性学生の多くが極めて類似した生育環境から来ているところにも表れている。同学年のみならず、上下の学年も同じような都市の私立中高一貫校出身者で固められている。結局、教員もそのような男性が多くを占めることになる。定年を迎えるような男性教授たちが「ぼくたちは中学、高校の時から一緒だったんだよ」などと語るような状況をよく見かけるが、それは微笑《ほほえ》ましくはあるものの、キャンパスの多様化にはまったくためにならない。

日本には五〇〇〇を超える高校があるのに、東大はそのごく一部の卒業生しか迎え入れていない。それで良いのだろうか。今までほとんど受験者が来なかった地域の高校にも優れた高校生はいるはずだし、そこから東大に進学できる道を作る努力を大学がしても良いのではないか。都市の一部の私学ばかりが有利な状況が、ほんとうに大学と社会の未来にとって良いことなのかを考える時期に来ているのではないだろうか。

加えて、留学生に対してもブレイクスルーは重要である。世界には非常に優秀で意欲も高いのに、紛争や貧困などで十分な学習環境にない学生がいる。たとえばタリバンから逃れてアフガニスタンを脱出した女性や、ミャンマーから逃れて長年難民キャンプでの生活を余儀なくされるロヒンギャの女性のなかには、大学や大学院での学びを求める優秀な学生もいる。そのような学生たちを日本に招いて教育機会を提供すれば、東大はその憲章で謳う「世界の公共性に奉仕する」目的を果たすことができるし、多様性豊かなキャンパスを築くことにもなるはずだ。

このようなことを書くと「それは大学の責任ではない」「そんなことより最先端の研究をすべき」「特定の高校生や留学生を優遇するのは不公平だ」「大学が予備校化して青田買いをするようなことは良くない」などの批判がなされるだろう。また、ブレイクスルーをしても、現状の入試制度がそのまま維持されれば、東大入学者の層はさほど変わらないだろう。つまりブレイクスルーで東大のキャンパスが多様化されるとは限らない。

しかし東大が教育を通してより広い社会と直接関わり、さまざまな高校生に大学で学ぶ意義と喜びを伝えることは、中長期的には日本全国の大学のキャンパスに多様な価値観を持ち込むことになるし、大学進学率の向上にもつながることになる。なかにはブレイクスループログラムに参加した高校生が東大に入るケースも出るだろう。

何より、ブレイクスルーを通して、東大の教職員と学生の意識が変わるのではないだろうか。東大とは縁がないと思われる高校生と教員や学生が交流することで、上野千鶴子が東大の入学式で述べたように、日本には「がんばってもそれが公正に報われない社会」があること、東大の構成員の多くの「成功」は「あなたがたの努力の成果ではなく、環境のおかげだったこと」を理解できるのではないだろうか。「世の中には、がんばっても報われないひと、がんばろうにもがんばれないひと、がんばりすぎて心と体をこわしたひと」たちがいることを認識して、そのような人びとを支え、ともに社会を築いていく大切さを考えることができるようになるだろう。

また、実はそういう高校生のなかには東大に入るべき素質がある者もいるのに、現行の選抜はそのような高校生から東大進学の可能性を奪ってしまっていることも実感できるのではないだろうか。そういう意識を持つ大学になれば、少しずつでもこれまでとは異なる、多様な価値観を認め合い、歓迎するキャンパスを作っていけるのではないだろうか。

クォータ制

とはいえ、ブレイクスルーですぐに大学が変わり、その結果、女性学生比率がすぐに上がると思うのは、あまりに楽観的でもある。

私はブレイクスルーを行いながらも、現状を抜本的に是正するために一定の入学枠を女性学生にあてがう、いわゆる「クォータ制」の検討を始めるべきだと考える。

もちろん、クォータ制には猛烈な反対があるだろう。男子高校生やその家族からすれば、いきなり東大の定員の一定数が女性に割り当てられるのはあまりに不条理に映るだろう。女子高校生にしても、「女子だから入れたのだろう」と言われるのは気持ちの良いことではない。それこそ不平等で不公平、違法ではないかという猛烈な反論が各方面からなされることは想像に難くない。また、半分を女性にして合格最低点が男性より低かった場合には、「東大のレベルが落ちる」という指摘も学内外から出されるだろう。

しかし女性と男性のあいだに有意な能力差はないのは明らかである。それは学術的にも繰り返し論じられているし、教員としての経験的にもその通りだと思う。にもかかわらず、日本のトップ大学と目される東大や京大に女性が二割程度しかいない。この社会状況は明らかに間違っている。

私はクォータ制の是非を論じる際には、この点、つまり東大をはじめとする日本のトップ大学の現況が著しく問題であるという前提を忘れてはならないと思う。クォータ制をはじめとする是正措置を不公平と指摘するのは、現状の著しい不均衡を追認することにしかならない。

この社会は男性優位であり、男性だけがアクセスを許される領域が無数にあることは指摘するまでもない。すでに見た通り歴史的に東大をはじめ多くの大学は男性の組織で、学生も教員も男性しかいなかった。大学を出れば男性だけが就く職業はいくらでもあったし、同じ組織に男女がいても、女性の給与は安く、昇進の機会も限られてきた。男女雇用機会均等法が成立し、男女共同参画が説かれるようになった今でもその傾向は続いている。男性の立場を徹底的に特権化した男性優位の不公平な社会が日本には根強くあるからこそ、東大は相変わらず男性が圧倒的に多いのである。

入学者の枠をたとえば半数、女性のために確保することはあまりに極端に思えるかもしれないが、それほど不公平なことなのだろうか。この社会はこれまで女性に対してとても不公平な社会であったのだから、それを覆すには相当な力をかけなければならない。「逆差別」という声も当然あるだろうが、クォータ制は現状の根深い差別を是正するための一歩である。

女性学生の数が全体の半数になって東大が困ることはひとつもない。東大のレベルが下がるという主張もあるが、それはその枠で入ってくる女性はレベルが低いという根拠のない前提である。東大の定員枠の半分に日本のトップレベルの女性が集まることで東大のレベルが落ちてしまうことなどあり得ないし、もしそうだとすれば、日本の教育は大問題である。また、前章で見たプリンストン大学のように、女性学生比率が高くなった結果、大学のレベルが落ちたという一流大学は世界で聞いたことがない。ジェンダーをはじめとする多様性が高まることで大学のレベルが上がることはあれ、下がることはない。

クォータ制は「ずるい」のか

入学定員が減る当事者である男子高校生やその関係者から見ればクォータ制は不条理に映るだろう。しかし本来、男性は人口の半分しか占めないわけだから、男性の入学者が半数程度であるのがあたりまえであり、八割を占めているのが問題なのである。これを人工的に抑制するのは「ずるい」のだろうか。「自分は差別していないのになぜ」という男性もいるだろうが、男性優位の構造の社会に生きているということは、自らも差別の構造の一部になっているのだという意識も必要である。

東大の歪んだ男女比は東大の問題であるとともに、社会の問題でもある。上野が述べたような「がんばってもそれが公正に報われない社会」を改めていくには、ひとりひとりが現状の問題についての当事者意識を持って、真剣に考えなければならない。クォータ制は社会をより良くするためのひとつの有効な手段として議論されるべきだ。

なお、このようなクォータ制は女性に限ったものである必要はない。大学の多様性を高めていくには、たとえばノンバイナリーの高校生、東大に入学する学生の少ない地域や高校、あるいは家庭の経済的な状況や親が大卒であるかどうかなど、大学進学選択に大きな影響を及ぼすことがわかっている要素をふまえて検討することもできる。

入試一発で合否が決まる点数主義は客観的で公平に見えるかもしれない。しかしその点数の背景には特定の家庭の生徒が有利になる社会的、経済的要因が絡み合っている。だからこそ限られた都市圏の私立や国立の中高一貫男子校から多数の入学者がある。六年の教育カリキュラムを五年で終え、残りは受験対策に費やすことのできる学校に通う方が受験に有利なのは明らかだし、今の入試は情報戦でもあるから、たくさんの先輩からいろいろな情報を得ることができて、同級生とも情報交換できる受験生の方が有利になる。しかしそういう学校は日本にごくわずかしかないし、私学の授業料を払える余裕のある家庭も限られている。

結果、日本には優秀な女性は男性と同数いるはずなのに女性の合格者は増えないし、地方の市町村にいる公立高校の優秀な生徒も東大受験を考えないようになる。この状況を「客観的結果」として放置することこそ不公平であり、差別ではないだろうか。むしろどのような性別、性自認、経済的境遇、国籍、居住地域でも、優秀であれば日本で一番優れた大学とされる東大を受験し、進学できるような方法を考えるべきではないだろうか。クォータ制はそれに向けたひとつの歩みである。

繰り返すが、このような考え方には強い反論もあるだろうし、さまざまな弊害も指摘されることは間違いない。本来であれば自然にバランスが取れるのが良いのは当然である。そういう時代が来たらクォータ制は撤廃すれば良い。しかし少なくとも、これまでは自然なバランスの実現が難しい状況を社会は生み出してきたわけだから、それを根本から正す方策を考えなければならない。

女性教員の積極的雇用

一方、女性研究者の採用については、近年、大学はかなり積極的な姿勢を打ち出している。東大には、「女性教員（教授・准教授）増加のための加速プログラム」というのが二〇一六年度からある。これは、一定数の女性教員の雇用費を本部が各部局に対して三年間一〇〇%、あるいは五年間七〇%支援するプログラムだ。さらに、女性教授・准教授の増加が著しい部局に対しては、若手女性教員の雇用費を本部が一定期間負担するというプログラムもできた。採用された女性のためには、「女性教員スタートアップ支援」「女性研究者研究スキルアップ支援」なども用意されている。また、出産、育児、介護などにより研究時間の確保が困難な人に対しては、ワーク・ライフ・バランス支援として、サポート要員の雇用経費助成制度やリスタートアップ研究費支援制度も設けられた（これは男性も利用できる）。

さらに、序章でも触れた通り、東大は二〇二二年度から二〇二七年度までに三〇〇名を超える女性教授・准教授を採用し、国内外から優れた女性研究者を積極的に採用していく方針だ。人事選考の際には、男性を優遇する「無意識のバイアス」が選考側にないかを常に確認するよう、「無意識のバイアス確認」もなされるようになっている。

とはいえ、圧倒的に男性教員が多い状況下では、女性の比率はなかなか上がらない。三〇〇名増えても、教授・准教授の女性比率は一七％程度にしかならないのが実情だ。また、これまではあたりまえのように次々と男性教員が採用されていたところで、多少でも女性教員が増えれば、女性が優遇されたのではないかという指摘がされることがある。優秀な女性教員を積極的に採用するのは良いこと以外の何ものでもないが、女性教員の数を増やそうとする近年の努力に男女ともに反発する教員もいる。

研究者の資質に男女は関係ないという主張はよく聞くし、女性教員のなかには当然、

「女性だから採られた」と思われたくない人も少なくない。そもそも採用されるには優秀な研究実績があることなどが前提なのであり、女性「だから」というだけで選ばれることなどあり得ないわけだが、性別ばかりがことさらに取り上げられる傾向を苦々しく思う教員がいるのは当然である。

しかし忘れてはならないのは、これまで採用されてきた男性教員は多分に男性であるというメリットを享受してきたということだ。「自分が男性だから採られた」という意識を持つ男性教員はほとんどいないだろう。女性にはそう思わせて、男性は思わなくても良い構造、それこそが問題である。

男性教員は男性であることがあたりまえの組織に迎え入れられてきた。自分は実力があるから採用されたと誰もが思いたいところだが、男性であるというのはいろいろと有利に働く。たとえば「客観的」な指標と思われる研究業績が生み出される過程は、ジェンダーの力学と不可分である。男ばかりの実験室ではなかなか業績があげられないという女性もいるし、論文審査委員会の構成が日本人男性のみか、よりバランスが取れているかでも、審査の内容や結果に違いが出ることもある。研究評価に大きな影響力を持つ学会も大学と同様に男性が中心である組織が多い。また、出産などのライフイベントでやむなく研究が中断されてしまう女性もいる。研究業績の背後には男性に有利な条件が多々あるのである。人事採用では、研究業績に加えて人間関係が重視される。研究は多分にホモソーシャルな世界であり、そのような関係性が選考に影響することがある。だから男性であることが直接的にも間接的にも有利に働くことは少なくない。「あの人は女性だから採られた」と言う前に、「自分は男性だから採用されたのではないか」ということを真剣に男性教員は考えるべきである（第二章で見たように、保井コノは世界に認められる研究をして、優れた教育者であったにもかかわらず、東大の教員にはなれなかったのである）。

ただ、多くの分野において、女性の研究者は男性より圧倒的に数が少ないのも事実である。これは理系のみならず、文系でもそうだ。そうすると女性の採用候補者も必然的に少なくなってしまう。しかし、少ないことが良い候補がいないことにはならないから、限られた候補者のなかから優秀な研究者を積極的に雇用することも考えるべきである。

同時に東大はもっと日本の外からも優れた候補者を募らなければならない。世界に目を向ければ、あらゆる分野に優れた女性研究者がいる。これまでの日本の大学は往々にして国籍と日本語の壁を設け、そのなかから人材を見つけてきた。しかしほんとうに世界のトップに伍《ご》する優れた大学になるには、女性を含めて世界中から優れた研究者を募る努力をしなければならない。

これはとても大変な努力が必要である。まず、日本語ができる優れた研究者など世界に一握りしかいないのだから、教授言語、事務言語、会議言語が日本語だけでは難しい。学生と教職員の英語力向上が不可欠だ。独特の年功序列の給与体系も障壁になるだろう。東大を出ていない、日本で育っていない、日本語のわからない研究者が理解して納得できるような、透明性の高い組織運営も必要になる。

そういう意味では、女性研究者を増やし、多様性を高めていくのは、大学全体をグローバルにしていくことでもある。多様な人材を集める人事は、世界に通用する大学を作るために不可欠である。それはあらゆる意味でこれまでの内輪の論理を崩すことになるから反対も根強いだろうが、東大を世界のトップ大学にするには避けて通れない道である。

女性リーダー増加の必要性

同様の必要性は女性のリーダーについても言える。

二〇二三年、アメリカのコロンビア大学は次期学長にネマト・シャフィクを選出した。エジプト生まれの経済学者であるシャフィクは一七五四年に創設されたコロンビア大学初の女性学長である。

その直前、ハーバード大学はクローディン・ゲイが次期学長となることを発表した。ゲイはハイチ系アメリカ人で、同大史上初の黒人女性の学長である。同じくアイビーリーグ校であるダートマス大学も史上初の女性学長としてシアン・ベイロックを選出した。アイビーリーグには八大学あるが、二〇二三年はイェール大学とプリンストン大学以外はすべて女性学長となった。プリンストン大学はシャーリー・ティルマンが二〇〇一年から一三年まで学長を務めたから、これで女性学長を一度も選んでいないのはイェール大学のみである（ただしイェール大学では一九七七年にハナ・グレイが約一年間、学長代理を務めている）。

その他にも世界の高等教育機関には女性のリーダーが次々と誕生している。第一章でも触れたように二〇二三年の世界大学ランキングトップ一〇校中五校は女性の学長で、その他の要職にも女性が就くことがあたりまえになってきている。教授、准教授などの教員の大半が男性で占められている大学がまだ圧倒的に多いが、だからこそ上層部に女性を登用して組織を改革しようという強い意識が見られる。大学を変えていくには、トップが変わらなければいけないのだ。

ひるがえって、日本には八二の国立大学があるが、二〇二三年現在、女性学長は四名しかいない。東大のような総合大学のトップに女性が就いたことはない。公立大や私大も男性学長が圧倒的に多い。二〇二三年時点の日本の大学において、七八二名いる学長のうち女性は一〇九名だが、[*1]学生数が一万名を超える規模の大学となると、女性は同志社大学の植木朝子《ともこ》学長と東洋大学の矢口悦子学長のみである。全国に約三〇〇万名いる大学生・大学院生の男女の圧倒的多数が、日本人男性だけをトップに据える大学に通っているのである。そういう環境から多様性の価値を理解し、促進する次代のリーダーを日本の大学は育てられるのだろうか。

また、東大では教育を担う一五の学部と大学院の長はこれまでほとんど男性が占めてきた。他の要職も圧倒的に男性が多い。しかもほぼ全員が日本人の男性である。これも日本の多くの主要大学で同じ状況である。東大をはじめとする大学の総長・学長・学部長に女性が次々と就任し、次の世代にこれまでと異なる組織と社会のあり方を示すことが必要になっている。

変革を目指して

今から半世紀以上前、プリンストン大学の共学化を検討するにあたり、ガードナー・パターソンはその報告書に「変化のない大学は滅亡していく大学である」と述べ、大学の未来のために女性の入学を認めるべきだと主張した。白人男性教員として、共学化には必ずしも関心のなかったパターソンは、調査の過程で変革の重要さに気づき、大学が「滅亡」しないよう、舵を大きく切ることを強く擁護した。

本書で見たように、東大では学生も教員も幹部も極めて均質な内輪の「男の世界」が築き上げられてきた。そろそろその歴史と現実をふまえ、大学の構造転換を本格的にしなければならない。滅亡を免れ、逆に世界的に卓越した大学となるには、さまざまな声と価値観を大切にする空間が不可欠だ。ジェンダーのみならず、国籍、民族、出自、障がいの有無など、世界の多様性が大切にされ、多彩な背景を持つ人びとが安心して自由に率直なコミュニケーションのできるキャンパスがあって初めて、現在と未来の世界に貢献する教育と研究が可能になる。

大学に女性が大勢いるのがあたりまえになることは、そのための大切な第一歩である。

終章

二〇二〇年に藤井輝夫総長のもとでダイバーシティとグローバル担当の理事に就任した林香里は東大などでの会議について、以下のように記している。

（前略）会議で女性は私1人という状況が珍しくない。第1回の顔合わせ会議で、また女1人かあ、とがっくりと肩を落として孤独を味わっているところに、男性委員から「女ひとりで目立っていいねえ」ととどめを刺されることが何度あったことか。

（中略）

「女ひとり」の会議を何度も経験してみると、「数の力」、ネットワークをもっている人の権力というものをしみじみと実感する。会議で声を荒げて発言せずとも、背後にネットワークがあって、着々とその方向にものごとが進んでいくのを見届けていればいい。*1

「婦人入学ノ件　右ハ入学ヲ許サザル事」として、東大はその創立時から女性を徹底的に排除してきた。共学化して八〇年近く経つ今も、この「男の系譜」とその構造は根強く東大を支配している。上位の会議になればなるほど、女性は少なくなる。林が指摘するように、女性は例外的な存在として特別扱いされることはあっても、会議体での議論全体は、無言のうちに出席者の大多数の男性たちが「あたりまえ」と考えるホモソーシャルな価値観へと収斂《しゅうれん》していく。往々にしてそれはこれまでの前例に倣ったもので、既存の男性的な論理が「客観的」で「公平」な結論とされてしまう。それに抗うのは、どれほど高い職位に就いても容易ではない。無数の男が作ってきた前例と常識を覆すのは並大抵のことではない。

けれども、私たちはこの前例と常識を再考しなければならない。東大の思想と実践がどれほど男性の視座を特権化し、女性を周縁化してきたか、それが日本社会のジェンダー不平等といかに深く関わってきたかを省みなければならない。周囲で決められる事柄が、どのようなあたりまえを規範とし、その結果、誰と何を利することになっているのか、それはなぜなのか、それでほんとうに良いのかを丁寧に検証する必要がある。現状の東大と日本社会のあり方は圧倒的に男性の価値観を規範とし、男性に有利な構造になっている。

幸いなことに、少しずつではあるが、学内にはそのような構造を問題視し、見直す動きも見られるようになってきた。序章で触れたように、二〇二二年六月、藤井総長のもとで東大の歴史上初めての「東京大学ダイバーシティ&インクルージョン宣言」が出され、大学として「多様性が尊重され包摂される公正な共生社会の実現」に向けて努力する必要性が確認された。さまざまな声と価値観が交差し、より平等でインクルーシブなネットワークを作り、これまでの「男性の大学」とは異なるキャンパスを築く試みが始まっている。

大学では「UTokyo D&I キャンペーン」としてさまざまなことが展開されるようになった。すでに言及した女性の学生や教員を増やす努力を始め、意識改革に向けたシンポジウムや授業などが行われている。学内での予算請求の際には、各部局のプロジェクトがダイバーシティ・インクルージョンにどれだけ配慮しているかが確認されるようになった。人事選考の際に求められる「無意識のバイアス確認」はバイアスを根絶するに至らなくても、少なくとも選考の際に自分の価値観がどのように投影されているかを意識することを促すものである。

また「女性用トイレがなくて困った」という初期の女性学生の声に象徴されてきた、男性中心のキャンパス施設を変えるための努力も行われている。女性の構成員のために保健センターでは女性診療科が開設され、一部の部局では生理用ナプキンが無料配布されるようになった。併せてオールジェンダートイレの整備も始まっている。

さらにジェンダー平等などをグローバルに考える教育の一環として、バングラデシュにあるアジア女性大学（Asian University for Women：ＡＵＷ）との交流が始められている。ＡＵＷは貧困や紛争などが原因で十分な学習環境を持たない優秀な女性のために設立されたリベラル・アーツ・カレッジである。バングラデシュのみならず、インド、ネパール、スリランカ、パキスタン、さらにはアフガニスタンやミャンマーから逃れてきたロヒンギャの女性が多く学んでいる。これらの学生たちと東大の学生がジェンダーをはじめとするさまざまな社会問題をグローバルな観点から学び、話し合う試みが行われている。グローバルサウスに住む、自分たちとは極めて異なる社会、家庭環境を有する学生と出会い、ともに学ぶことで、より公平で平和な世界を多様な文脈で考えるものだ。

このように従来の価値観を当然のものとせず、新たなキャンパスを作る努力が少しずつではあるが行われるようになった。むろん、それに対する無関心や反発も少なくなく、道のりは決して平坦なものではない。少しでも努力を怠れば、すぐに従来のやり方に戻ってしまう。男性にとってはこれまでの構造と価値観の方がずっと楽だからだ。

しかし、もはやそういうわけにはいかない。私たち、とりわけマジョリティ側に属する男性の大学教員は、ジェンダー平等なキャンパスを目指して、「あたりまえを疑う」という、科学者が身につけるべき基本的所作を、どこまで大学運営に応用できるかを試されている。それは、おそらく今日の東大をはじめとするトップ大学が直面する、もっとも困難な課題である。

けれども、世界に開かれた優れた教育・研究機関であるためには、困難なこと、解決が難しいことにこそ挑戦しなければならない。研究と同じく、何年も忍耐強く、謙虚に取り組む必要がある。構成員ひとりひとり、とりわけ東大の圧倒的多数を占める日本人男性の教員と学生が自戒を忘れず、あきらめることなく、着実に実績を重ねることで、多様な声が交差し、豊かで平等な社会づくりに貢献するキャンパスを作るよう心がけていきたい。

＊＊＊

私事になるが、本書を執筆中に、東京大学のグローバル教育推進を担当する副学長に就任した。これまで、どこか東大を外から突き放して批判的に見ていたところもあったが、執行部の一員として大学の中核に関わる立場になると、「言うは易《やす》く行うは難し」とはこういうことなのかと日々痛感するようになった。

大学の執行部にありながら、このような本を出して良いのか、そんな時間があったらもっと変革を進めよという叱責が来るのではないかと悩んでしまい、執筆をやめようと思ったのは一度だけではない。そのたびに本書の意義を信じて励ましてくれた方々にお礼を述べたい。とりわけ長年の友人であり、東大出身の女性研究者である吉原真里さん（ハワイ大学教授）と、原稿を粘り強く待ち続け、常にサポートしてくださった集英社新書の編集担当の野呂望子《のぞみ》さんに感謝したい。

ジェンダー研究者でも教育学者でもない私が本書を執筆できたのは、これまでたくさんの同僚と学生から学び、反省し、考える機会を与えられてきたからである。すべての名前を挙げることはできないが、ひとりひとりにお礼を申し上げたい。ここではとくに、東大のグローバル教育センターを運営する教職員と、ダイバーシティとグローバル担当として日々奮闘する林香里理事・副学長、伊藤たかね副学長に深く感謝する。併せて東大のダイバーシティ・インクルージョンを積極的に推進する藤井輝夫総長のリーダーシップに感謝申し上げる。

註

【序章】

＊1　「大学（学部）及び大学院（修士課程）学生に占める女子学生の割合（専攻分野別、令和2（2020）年度）」『男女共同参画白書 令和3年版』内閣府男女共同参画局ホームページ（https://www.gender.go.jp/about_danjo/whitepaper/r03/zentai/html/zuhyo/zuhyo01-05-03.html）

【第一章】

＊1　秋山千佳「『東大女子はお断り』『他大女子へはバカいじり』…在学生も黙認する東大インカレサークルに残る衝撃の〝男尊女卑〟構造」文春オンライン、二〇二二年三月一八日（https://bunshun.jp/articles/-/52500）

＊2　藤田優「東大インカレサークルで何が起こっているのか『東大女子お断り』が守る格差構造」WAN女性学ジャーナル、四四・五四～五五頁（https://wan.or.jp/journal/details/17）。本論文は二〇二〇年提出の卒業論文をもとにしている

＊3　「東大のジェンダー問題で東大生にアンケート『問題は深刻か』の回答に男女差」東大新聞オンライン、二〇一六年八月二一日（https://www.todaishimbun.org/gender20160821/）

＊4　「東大女子の参加を認めないサークル　東大内に少なくとも3つ」東大新聞オンライン、二〇一九年三月七日（https://www.todaishimbun.org/gender20190307/）

＊5　藤田優、前掲、五七頁
＊6　『教養学部報』第六一三号、二〇一九年一一月一日

【第二章】

＊1　湯川次義『近代日本の女性と大学教育　教育機会開放をめぐる歴史』不二出版、二〇〇三年、四九二～四九三頁
＊2　夏目漱石『三四郎』新潮文庫、一九四八年（二〇一一年改版）、三二一～三三二頁
＊3　東京大学キャンパス計画室編『東京大学本郷キャンパス　140年の歴史をたどる』東京大学出版会、二〇一八年、一六頁
＊4　『東京大学史史料室ニュース』第四七号、二〇一一年一一月三〇日、四頁
＊5　東京大学キャンパス計画室、前掲、一〇四頁
＊6　『東大病院だより』第五一号、二〇〇五年一一月三〇日、三頁
＊7　『読売新聞』一九二〇年七月三一日付
＊8　湯川次義、前掲、一七五頁
＊9　『読売新聞』一九二〇年九月五日付／一九二一年五月一一日付
＊10　『読売新聞』一九二六年五月六日付
＊11　『福岡日日新聞』一九二五年二月五日付／『九州大学新聞』一九二七年一〇月一〇日付
＊12　『読売新聞』（夕刊）一九三八年六月一日付

*13　所澤潤「東京大学における昭和二十年（一九四五年）以前の女子入学に関する史料」『東京大学史紀要』第九号、一九九一年、六四・七六頁
*14　韓幽桐「東大法学部研究室での五年間」、人民中国雑誌社編『わが青春の日本　中国知識人の日本回想』東方書店、一九八二年、一一三～一二五頁
*15　湯川次義、前掲、一七一～一七二頁
*16　『東京朝日新聞』一九一九年三月二八日付／『読売新聞』一九二二年一〇月二七日付
*17　『読売新聞』一九二二年一〇月二七日付
*18　篠遠喜人「保井先生と藤井先生」『採集と飼育』一九七一年九月号、二〇五頁
*19　M.R.F. Buckley, “Hamilton Sculpture Heralds New Era: Committee to rethink, refresh public art, imagery at School”, *Harvard Medical School News & Reserch*, Oct 3, 2018. (https://hms.harvard.edu/news/hamilton-sculpture-heralds-new-era)

【第二章】
*1　東京大学百年史編集委員会編『東京大学百年史　通史三』東京大学出版会、一九八六年、一三頁
*2　東京大学百年史編集委員会編『東京大学百年史　通史二』東京大学出版会、一九八五年、一〇〇〇頁
*3　『帝国大学新聞』一九四六年五月一一日付
*4　同前

＊5　『帝国大学新聞』一九四六年六月一一日付
＊6　東京大学女子卒業生の会　さつき会編『東大卒の女性　ライフ・リポート』三省堂、一九八九年、九頁
＊7　同前、一九二頁
＊8　同前、一一頁
＊9　大下英治『女たちの東京大学　仕事、恋、人生――才媛たちの挑戦』ＰＨＰ研究所、一九九三年、四三〜四四・七四〜七五頁
＊10　さつき会、前掲、一九八頁
＊11　『帝国大学新聞』一九四六年六月一日付
＊12　さつき会、前掲、二〇三〜二〇四・二一八〜二一九頁
＊13　竹信三恵子「東大女子学生」『朝日ジャーナル』一九八三年七月八日号、三三〜三四頁
＊14　さつき会、前掲、四九〜五〇頁
＊15　大下英治、前掲、二六頁
＊16　土持ゲーリー法一『米国教育使節団の研究』玉川大学出版部、一九九一年、一四一頁
＊17　大下英治、前掲、三〇・四六頁
＊18　中屋健一『大学と大学生　入学から就職まで』ダヴィッド社、一九五八年、六五〜八五・一一五〜一四七・二五三〜二五四頁／中屋健一「女子大学無用論」『新潮』一九五七年三月号、九〇〜九四頁／中屋健一「前世紀の遺物　女子大学」『婦人公論』一九五九年三月号、八八〜九一頁

＊19　尾崎盛光「東大花嫁学校論」『婦人公論』一九五八年一二月号、一三八～一四一頁
＊20　『東京大学新聞』一九五八年九月一七日付
＊21　秋山千佳『東大女子という生き方』文春新書、二〇二二年、六〇～六一頁
＊22　さつき会、前掲、一二一頁
＊23　同前、八七頁
＊24　加藤登紀子『運命の歌のジグソーパズル　TOKIKO'S HISTORY SINCE 1943』朝日新聞出版、二〇一八年、八一頁
＊25　林香里「女性と『人文社会科学』の振興」『RESEARCH BUREAU 論究』第二〇号、二〇二三年一二月、一九～二八頁
なお、本章で論じる女子学生亡国論と中根千枝への言及は、この林の論考に詳しい
＊26　『朝日新聞』一九七〇年四月一五日付
＊27　Joy Hendry, "An Interview with Chie Nakane", *Current Anthropology*, Vol.30, No.5, 1989, pp.643-649.
＊28　『朝日新聞』二〇二一年一一月六日付
＊29　中根千枝、現代新書編集部「女性初の東大教授が歩んできた道　インド山岳地帯から日本の農村まで先輩後輩関係が重要なタテ社会の生き方」『現代ビジネス』二〇一九年一一月二二日（https://gendai.ismedia.jp/articles/-/68470）
＊30　加藤登紀子、前掲、八〇頁

＊31　江刺昭子『樺美智子、安保闘争に斃れた東大生』河出文庫、二〇二〇年、八四・一〇八頁
＊32　大原紀美子『時計台は高かった　東大闘争からの出発』三一書房、一九六九年、二〇・一四三～一四五・一五六～一五七・一七二・二〇九頁
＊33　吉原いさみ他『女子全学連五人の手記』自由国民社、一九七〇年、五一～五二頁
＊34　同前、四四～四五頁
＊35　同前、五八～六〇頁
＊36　溝口明代・佐伯洋子・三木草子編『資料 日本ウーマン・リブ史Ⅰ』松香堂書店、一九九二年、一〇二頁
＊37　小山静子『戦後教育のジェンダー秩序』勁草書房、二〇〇九年、二五～二六頁
＊38　大庭三枝・吉原真里・川上桃子「対話　1968年生まれ女性研究者が語るジェンダー：フェアで自由な社会の実現にむけて」『公研』第五九巻第四号、二〇二一年四月
＊39　森亘「卒業生諸君へ」『学内広報』第七四八号、一九八七年三月二三日、二～三頁

【第四章】

＊1　Nancy Weiss Malkiel, *Keep the Damned Women Out*, Princeton University Press, 2016.
なお、本章で使っている当時の資料はSeeley G. Mudd Manuscript LibraryにCommittee on the Education of Womenという分類で残されている。マルキールに引用されるパターソンの報告書 *The Education of Women at Princeton* (July 12 1968) もここに保管されている

＊2　*New York Times*, May 6, 1968.

＊3　Princeton President Shirley Tilghman's address on "Recruiting, Retaining and Advancing Women Scientists in Academia," delivered March 24 at Columbia University, *Princeton Alumni Weekly*, Apr 6, 2005（https://www.princeton.edu/~paw/web_exclusives/plus/plus_040605tilghman.html）

＊4　Total fall enrollment in degree-granting postsecondary institutions, by attendance status, sex of student, and control of institution: Selected years, 1947 through 2029, Institute of Education Sciences（https://nces.ed.gov/programs/digest/d20/tables/dt20_303.10.asp?current=yes）

＊5　*The Daily Princetonian*, January 24, 1990.

＊6　Gender and Sexuality Studies, Princeton University（https://ua.princeton.edu/fields-study/minors/gender-and-sexuality-studies）

＊7　冊子「東京大学の概要」二〇〇一年

＊8　『学内広報』第一二三三号、二〇〇二年三月二〇日

【第五章】

＊1　『日刊工業新聞』二〇二三年二月一六日付

【終章】

＊1　林香里編『足をどかしてくれませんか。　メディアは女たちの声を届けているか』亜紀書房、二〇一九年、二一～二二頁

URLの最終閲覧日：二〇二三年一二月二一日

図版作成／ＭＯＴＨＥＲ
ＪＡＳＲＡＣ　出　２３０９０９０－３０１

矢口祐人（やぐち　ゆうじん）

東京大学大学院総合文化研究科教授、同大グローバル教育センター長、同大副学長。一九六六年、北海道生まれ。米国ゴーシエン大学卒業。ウィリアム・アンド・メアリ大学大学院で博士号取得。一九九八年より東京大学大学院で教える。専攻はアメリカ研究。著書に『ハワイの歴史と文化　悲劇と誇りのモザイクの中で』『憧れのハワイ　日本人のハワイ観』『奇妙なアメリカ　神と正義のミュージアム』など。

なぜ東大《とうだい》は男《おとこ》だらけなのか

集英社新書一二〇三E

二〇二四年二月二二日　第一刷発行

著者……矢《や》口《ぐち》祐《ゆう》人《じん》

発行者……樋口尚也

発行所……株式会社集英社

東京都千代田区一ツ橋二-五-一〇　郵便番号一〇一-八〇五〇

電話　〇三-三二三〇-六三九一（編集部）

〇三-三二三〇-六〇八〇（読者係）

〇三-三二三〇-六三九三（販売部）書店専用

装幀……原　研哉

印刷所……TOPPAN株式会社

製本所……株式会社ブックアート

定価はカバーに表示してあります。

© Yaguchi Yujin 2024

ISBN 978-4-08-721303-4 C0230

造本には十分注意しておりますが、印刷・製本など製造上の不備がありましたら、お手数ですが小社「読者係」までご連絡ください。古書店、フリマアプリ、オークションサイト等で入手されたものは対応いたしかねますのでご了承ください。なお、本書の一部あるいは全部を無断で複写・複製することは、法律で認められた場合を除き、著作権の侵害となります。また、業者など、読者本人以外による本書のデジタル化は、いかなる場合でも一切認められませんのでご注意ください。

Printed in Japan

a pilot of wisdom

社会――B

中国人のこころ「ことば」からみる思考と感覚　小野秀樹
わかりやすさの罠 池上流「知る力」の鍛え方　池上 彰
メディアは誰のものか ――「本と新聞の大学」講義録　一色 清／姜尚中 ほか
京大的アホがなぜ必要か　酒井 敏
天井のない監獄 ガザの声を聴け！　清田明宏
限界のタワーマンション　榊 淳司
日本人は「やめる練習」がたりてない　野本響子
俺たちはどう生きるか　大竹まこと
「他者」の起源 ノーベル賞作家のハーバード連続講演録　トニ・モリスン
言い訳 関東芸人はなぜM-1で勝てないのか　ナイツ 塙 宣之
自己検証・危険地報道　安田純平 ほか
都市は文化《アート》でよみがえる　大林剛郎
「言葉」が暴走する時代の処世術　太田 光／山極寿一
性風俗シングルマザー　坂爪真吾
美意識の値段　山口 桂
ストライキ2.0 ブラック企業と闘う武器　今野晴貴
香港デモ戦記　小川善照
ことばの危機 大学入試改革・教育政策を問う　東京大学文学部広報委員会・編
国家と移民 外国人労働者と日本の未来　鳥井一平
LGBTとハラスメント　神谷悠一／松岡宗嗣
変われ！ 東京 自由で、ゆるくて、閉じない都市　隈 研吾／清野由美
東京裏返し 社会学的街歩きガイド　吉見俊哉
人に寄り添う防災　片田敏孝
プロパガンダ戦争 分断される世界とメディア　内藤正典
イミダス 現代の視点2021　イミダス編集部・編
中国法「依法治国」の公法と私法　小口彦太
福島が沈黙した日 原発事故と甲状腺被ばく　榊原崇仁
女性差別はどう作られてきたか　中村敏子
原子力の精神史――〈核〉と日本の現在地　山本昭宏
ヘイトスピーチと対抗報道　角南圭祐
世界の凋落を見つめて クロニクル2011-2020　四方田犬彦
「自由」の危機 ――息苦しさの正体　藤原辰史／内田 樹 ほか
「非モテ」からはじめる男性学　西井 開

a pilot of wisdom

教育・心理——E

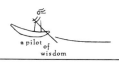

a pilot of wisdom

僕に方程式を教えてください　髙橋一雄　瀬山士郎　村尾博司

不登校でも学べる　おおたとしまさ

ルポ　無料塾「教育格差」議論の死角　おおたとしまさ

a pilot of wisdom

集英社新書　好評既刊

スポーツウォッシング　なぜ〈勇気と感動〉は利用されるのか
西村 章　1190-H

都合の悪い政治や社会の歪みをスポーツを利用して覆い隠す行為の歴史やメカニズム等を紐解く一冊。

一神教と帝国
内田 樹／中田 考／山本直輝　1191-C

ウクライナ戦争の仲介外交など近隣国の紛争・難民問題に対処してきたトルコから「帝国再生」を考える。

ルポ 無料塾 「教育格差」議論の死角
おおたとしまさ　1192-E

余裕がない家庭の子に勉学を教える「無料塾」。平等な教育を実現するだけでは解決できない問題とは？

正義はどこへ行くのか　映画・アニメで読み解く「ヒーロー」
河野真太郎　1193-B

多様性とポスト真実の時代と向き合う〝新しいヒーロー〟とは。MCUからプリキュアまで縦横無尽に論じる。

イスラエル軍元兵士が語る非戦論
ダニー・ネフセタイ　構成・永尾俊彦　1194-A

愛国教育の洗脳から覚め、武力による平和実現を疑う彼の思考から軍備増強の道を歩む日本に異議を唱える。

さらば東大　越境する知識人の半世紀
吉見俊哉　1195-B

都市、メディア、文化、アメリカ、大学という論点を教え子と討論。戦後日本社会の本質が浮かび上がる。

「おりる」思想　無駄にしんどい世の中だから
飯田 朔　1196-C

なぜ我々はこんなにも頑張らなければならないのか。深作欣二や朝井リョウの作品から導いた答えとは？

「断熱」が日本を救う　健康、経済、省エネの切り札
高橋真樹　1197-B

日本建築の断熱性能を改善すれば、「がまんの省エネ」やエネルギー価格高騰の中での暮らしがより楽になる。

おかしゅうて、やがてかなしき　映画監督・岡本喜八と戦中派の肖像
前田啓介　1198-N〈ノンフィクション〉

『日本のいちばん長い日』など戦争をテーマに撮り続けた岡本喜八。その実像を通して戦中派の心情に迫る。

戦雲《いくさふむ》　要塞化する沖縄、島々の記録
三上智恵　1199-N〈ノンフィクション〉

本土メディアが報じない、基地の地下化や弾薬庫大増設といった配備が進む沖縄、南西諸島の実態を明かす。

既刊情報の詳細は集英社新書のホームページへ
https://shinsho.shueisha.co.jp/